나는 마음 농사 지으러 간다

나는 마음 농사 지으러 간다
몸과 마음을 돌보며 지금, 여기를 살아 내는 마음의 기술

초판 1쇄 발행 2025년 8월 10일

지은이 황도경
펴낸이 장길수
펴낸곳 지식과감성#
출판등록 제2012-000081호

그림 전상혁
교정 이주연
디자인 정윤솔
편집 정윤솔
검수 한장희, 이현
마케팅 김윤길

주소 서울시 금천구 벚꽃로298 대륭포스트타워6차 1212호
전화 070-4651-3730~4
팩스 070-4325-7006
이메일 ksbookup@naver.com
홈페이지 www.knsbookup.com

ISBN 979-11-392-2726-0(03190)
값 16,700원

- 이 책의 판권은 지은이에게 있습니다.
- 이 책 내용의 전부 또는 일부를 재사용하려면 반드시 지은이의 서면 동의를 받아야 합니다.
- 잘못된 책은 구입하신 곳에서 바꾸어 드립니다.

지식과감성#
홈페이지 바로가기

나는 마음 농사 지으러 간다

마음 농부 황도경 작가

"몸과 마음을 돌보며 지금, 여기를 살아 내는 마음의 기술"

목차

프롤로그   8

지나간 나 아나주기

사진 한 장뿐인 아빠	16
내 다리 무 다리	21
숨는 사람, 바보 사람, 나란 사람	26
1종 생활보호대상자	31
습관이 중독	35
손 편지 기적	39
전세에서 쫓겨나다	44
짝꿍 언니의 한마디	49
고소당한 나	53
강냉이 선생님 부고 소식	57
셀프 탄핵	61
눈물의 유부초밥	66

지금의 나 아나주기

여드름투성이 피부 관리사	74
89kg 요가 강사	80
24시간 요기니(요가하는 여자)	86
수면 유도 목소리, 스피치 강사?	92
미래 유망 직업 검색, 실버 노래 강사	97
첫 수업의 눈물, 그리고 무대 위 파격 변신	101
나를 변화시킨 엄마의 자리	108
예절 교육 1년, 나를 귀하게 만드는 배움	113
함께 키우는 꿈나무 한 그루, 진로 상담사	119
에필로그	124

다가올 나 안아주기

먹고 기도하고 사랑하라	128
더 나은 어른으로 만드는 시간	132
내게 생긴 초능력	138
13년째 보물 지도 만드는 가족	142
'도경이산'의 기적	150
아지트를 소개합니다	157
박사 할까? 저자 될까?	162
베스트셀러 작가 황도경 되기 프로젝트 땅땅땅	166
돈을 노려보지 않기로 했다	172
작전상 후퇴를 선언한다	177
'작전상 후퇴를 선언한다' 후속: 조건 없이 꽃은 핀다	186
차 한 잔, 인생 학교	189
엄마를 위한 딸의 자연 처방전	194
가장 중요한 건 눈에 보이지 않아	200
나, 꽃으로 태어났어	207
에필로그	214

프롤로그

20년 전의 일이다.

"철썩!"

희미한 형광등 불빛을 알아차리기도 전, 등짝 스매싱을 맞았다.

"너만 자식 키우냐? 가슴에 대못을 박네, 박아." 엄마는 항상 딸 걱정 표현을 이렇게 하셨다. 상황 파악 중, 엄마 옆에는 의사 선생님과 간호사 선생님이 함께 있었다.

그제야 이곳이 병원이란 걸 인지했다. 내가 눈을 뜬 곳은 병원 응급실. 시한부 판정을 받은 둘째 아들 녀석을 지켜보는 나날이 감당되지 않아, 나는 잘못된 선택을 했다.

병원에서 말했던 시간이 다가오자 나는 견딜 수가 없었다. 하루하루 피가 말리는 것이 이런 거구나 싶었다. 그렇게 도망치고자 했던 선택은 많은 사람들을 아프게 했다.

병실에서 친정 엄마는 나에게 돈을 쥐어 주셨다. 엄마의 바지 주머니에서 나온 꼬깃꼬깃한 돈.
"병원에서 나가면 아무 말 말고 이 돈 가지고 서울 가서 웃음치료라고 하는 것 받고 온나."

180만 원, 큰돈이었다. 식당을 하면서 두 딸을 키워 낸 엄마에게는 말이다. 엄마는 어디서 '웃음치료'라는 것을 들었고, 그게 딸을 살려 낼 방법이라는 것을 직감으로 알아채셨다.

엄마의 초인적인 지원으로 나는 웃음치료 과정에 잘 참여했다. 지금도 마지막 수업 날이 생생하게 기억난다.
"지금까지 수고하셨습니다. 마지막은 감사한 것을 생각나는 대로 적고 발표하는 시간입니다."

50명에게 나눠 준 하얀 종이. 볼펜으로 '꾹꾹' 애꿎은 점만 찍어 내려가고 있을 때였다.

한 분이 내 옆을 지나가시면서 넌지시 말을 했다.
"새댁, 볼 수 있잖아."
또 한 분이 지나갔다.
"저기요, 들을 수 있잖아요."
또 한 분이 입을 열었다.

"언니, 걸을 수 있잖아요."
"말할 수 있잖아요.", "아직 살아 있잖아."

마흔아홉 명, 한 분 한 분이 내게 생명의 메시지를 건넸다. 저마다의 사연과 아픔을 지닌 분들이었다. 말기 암 환우, 투석하는 분, 휠체어를 타는 분, 의수 착용한 분 등. 어쩌면 그분들이 내게 했던 '말'들은 그분들의 '소원'이 아니었나 싶기도 하다. 나는 그 보석 같은 '말'들을 받아 적으면서 눈물을 펑펑 쏟았다.

"감사합니다. 저, 살아갈게요. 살아 낼게요. 오늘 주신 선물 가슴에 새기고 꼭꼭 보답하는 사람이 될게요." 주저앉아 울면서 다짐했다. 자살 생존자인 나는 다시 주어진 생을 사는 데 집중하기로 마음먹었다.

교육 후 다시 돌아온 집에는 여전히 아픈 나의 아들이 있었다. 뼈만 앙상히 남은 아들은 두 눈을 커다랗게 뜨고 나를 바라보고 있었다. 멀뚱멀뚱, 표정이 멍해 보였다.

나는 50명 앞에서 다짐한 약속을 잊지 않았다.
첫 행동으로 옮겼던 웃음치료는 이러했다,

"오구오구 내 똥강아지, 까~꿍!"

아들을 두 팔로 안고 나는 까꿍을 외쳤다.
그 순간 나는 소스라치게 놀라는 경험을 했다.
아들은 '으으으으' 소리를 내며 웃었다.
그때부터 금쪽같은 내 새끼 옆에 온 가족이 쉴 새 없이 까꿍까꿍을 했다. 아들은 쉴 새 없이 웃기를 반복했다.

우리 가족에게 일어난 기적!
아들의 웃음 운동으로 폐 주변 근육 조직이 기능을 하기 시작했다. 폐 주변 피부색의 청색증이 선홍색으로 변하기 시작했다. 우리 아들이 앓던 질환은 선천성 호흡곤란증후군, 소아천식. 그 조금의 웃음소리에 폐 주변이 움직였다.

인큐베이터에서 5개월 동안 항생제를 주입하고 눕혀만 두었으니, 기능들이 점점 희미해져 갈 수밖에 없었다. 또 나도 한몫했다는 걸 깨달았다.

낙담한 표정과 흐느낌이 아들의 폐 기능까지도 흐느끼게 했을 터. 더 많이 안아 주고 웃어 주고 토닥토닥해 줄 것을. '웃음아, 고마워.'

세월이 흘렀다.
초등학교 입학을 할 때만 해도 집보다 병원에서 생활이 더 많은 아들이었는데, 지금은 갓 군대를 전역한 건실한 청년이 되었다.

그때 그 병원에 있었던 '나'로서는 상상할 수 없는 지금의 '나'의 모습이다.

이 책은 그런 '나'를 안아 주고 보듬어 줬던, '나'의 인생 기록 일지다. 황무지였던 나의 마음을 객토하고, 거름을 주고, 물을 대 주어 수확하는 여정을 담았다. 넘어지고 다시 일어나고 움직였던 하루하루가 모여 지금의 내가 되었다. 내 이야기가 희망의 씨앗이 되어 아픈 누군가의 마음속에 싹을 틔웠으면 좋겠다.

마음살림, 코멘트 스텝

"지금 이 책을 펼치고 계신 분, 많이 아픈가요? 힘든가요? 거울 앞으로 먼저 다가가세요. 웃어 주세요. 거울 속 그 사람이 웃고 있죠? 지금 환하게 웃는 얼굴로 소중한 누군가를 만나세요! 사랑하는 누군가를 만나세요!

내가 먼저 웃어야 세상이 나에게 웃어 줍니다. 처음 시작이 '나' 자신에게서부터 시작이란 걸 기억해 주세요. 지금부터 시작입니다.

안녕! 나야! 까꿍~!"

지나간 나 안아주기
지금의 나 안아주기
다가올 나 안아주기

사진 한 장뿐인 아빠

　나의 어린 시절을 떠올려 본다. 대부분의 나날, 나는 비관적이었다. 하루하루가 지옥 같았다. 세상에 태어난 나의 가치를 몰랐다. 나의 친정 아빠는 알코올 중독 증세가 심했다. 우리 집 그러니까 나의 원가정에서 엄마와 내 동생은 술 때문에 울고 울었다. 평안했던 밤의 기억이 별로 없다. 집에서 잔 기억보다 짚단 옆에 쪼그리고 잔 기억, 마을 친구들 집에 얹혀 잔 기억이 허다하다.

　36년 전, 지금 이맘때다. 추석이 다가오고 예천 군민 체전이 열리는 시기인 딱 이 시기. 학교 수업이 없는 대신 응원전을 위해 공설 운동장으로 등교하던 날. 엄마는 여기저기 깨진 유리 조각을 비틀거리며 치우고 있었다. 얼굴엔 시퍼런 멍이 들어 있었다. "아빠 자고 있다."라며 손짓과 눈짓으로 빨리 학교 가라고 손사래를 치신다. 나는 간밤에 쪽잠을 자고 제대로 씻지도 못한 채 발걸음을 나서야 했다. 단연 아침은 굶은 상태였다. 한숨만 나왔다. 아이러니하게도 내리쬐는 햇살이 참 예뻤다.

 정신없이 공설 운동장에서 응원을 마쳤다. 출석 체크를 하는 도중, 담임 선생님께서 부르셨다. 키도 크고 세련감 있는 여선생님이셨다. 뛰어난 패션 감각에 늘 좋은 향이 났다. 무엇보다도 자신감 넘치시는 모습이 멋지기만 했다. 선생님은 내 손을 잡고 말하셨다. "놀라지 말고 잘 들어. 집에 곧장 가 봐야겠다. 아버지가 돌아가셨다고 연락이 왔어."

 나는 지금도 그때의 내 마음과 들었던 생각이 기억난다. 아주 또렷하게. '그럼, 나 이제 산업체 고등학교 안 가도 되네.' 엄마는 늘 내게 얘기하셨다. 집에서 벗어날 수 있는 방법은 낮에 공장일, 밤에 학교를 다니는 산업체 고등학교뿐이라고 말이다. 기숙사에서 먹고 자고 할 수 있으니, 아빠의 주사에서 벗어날 수 있다는 뜻이기도 했다.

 집으로 돌아오는 발걸음이 빠르고 가볍고 경쾌했던 날은 아빠가 돌아가신 그날이었다. 그런 내 모습에 나는 양가감정이 들기도 했다. '슬퍼야 한다. 눈물이 나야 한다. 그런데 왜 난 철없이 좋기만 한 걸까. 못된 딸이 맞다. 나쁜 딸인가 보다.'

 1988년 올림픽이 우리나라에서 개최되던 해, 온 나라가 축제 분위기로 떠들썩했던 시기, 우리 가족은 넷에서 셋이 되었다. 엄마와 나, 내 동생. 세 식구에게 앞으로 닥칠 어두컴컴한 세상은 모른 채, 나는 아빠를 보내 드렸다.

오정희 작가의 『유년의 뜰』에는 술주정뱅이 아버지를 두려워하는 부분이 나온다. "아버지에 대한 정다운 기억, 기다림에도 불구하고 아버지가 돌아온다는 사실에 우리는 모두 얼마쯤의 불안과 두려움을 갖고 있었다. 매일 술 취해 돌아오는 어머니를 향해, 아버지가 돌아오시면 뭐라고 하실까요, 차갑게 협박하는 오빠까지도. (중략) 우리 모두 아버지가 영영 돌아오지 않기를 바라거나 돌아오지 않을 사람으로 치부하고 있음을 변명하고 용서를 구하는 것이나 아니었는지."(p.48)

오랜 시간, 내가 기억하는 아빠는 이러했다. 거짓말 조금 보태서 일주일에 일주일을 술을 드시는 아빠. 술만 드시면 다행. 밤새 주사 주사 그런 주사가 없던 아빠. 매일 내게 공포를 줬던 아빠. 184cm의 훤칠한 키에 눈도 크고, 코도 높고 발도 크셨던 아빠. 아빠는 취하면 눈빛이 흐려지고, 그 큰 손과 발은 무기가 되어 버렸다.

그래서 나는 오랜 시간, 아빠의 산소에 가지 않았다. 정말 많이 미웠다. '철저히 외로워 보세요.' 이런 고약한 심보를 가지고 살아왔다. 나는 결혼을 하고 아이 둘을 낳았다. 원가정에서 나와 나도 내

가정을 꾸렸다. 어느 날, 첫째 녀석이 중2 추석 때 이런 말을 꺼냈다. "할아버지 보고 싶어요. 어떤 모습인지 궁금해요." 엄마랑 나는 눈을 마주 본 채 멈칫하고는 몇 초가 흘렀다.

"어디어디, 사진이 있으려나…. 예전 물난리에 옷가지며 책이며 앨범이며 다 버려서 말이지." 그렇게 2시간 남짓 사진 찾다가 딱 한 장을 발견했다. 헌병대 군복을 입은 아빠의 모습이었다. 첫째 녀석은 한껏 상기된 모습이었다. "와, 할아버지 잘생기셨다. 키도 크시고, 엄마 코 할아버지 닮았네요. 할아버지 보고 싶어요. 산소 가요. 우리…." 엄마가 신기해하며 말씀하셨다. "피는 물보다 진하다더니 어린 게 뭘 안다고, 신기하네."

신기하게도 지구 자전의 기운인가는 모르겠지만, 아들이 할아버지를 찾았다. 그렇게 2015년 추석, 아빠 산소에 갔다. 남편과 아들 둘, 내 동생과 함께 말이다. 아빠 산소에 소주를 이리저리 두르며 아들이 입을 열었다. "잘생긴 우리 할아버지, 저희 왔어요. 잘 보고 계셔요. 잘 자랄 테니…." 내가 이런 아들을 낳았다니…. 금쪽같은 내 새끼였다. 기특한 내 새끼.

그날, 나는 36년 전 흘리지 않던 눈물을 흘렸다. 그냥 마구 터져 나왔다. 눈물이 흐르고 또 흘렀다. 미움인지 그리움인지 알 수 없는 긴 세월에 감춰져 있던 나의 감정들이 삐죽삐죽 여기저기서 튀어나왔다.

　나의 어린 시절의 기억은 아픔을 꺼내는 시간이다. 열악한 유년 시절에 무의식과 의식이 나를 오랫동안 지배했다. 어쩌면 나는 콤플렉스와 열등감, 복수 의지를 승화하기 위해 살았는지도 모른다. 사람마다 구원의 방식이 다르다. 지금 나는 어린 시절 내가 살던 집, 바로 옆 부지를 사서, '심촌 지도소'라는 공간을 만들었다. 나를 아프게 했던 그곳에 당당히 들어섰다. 아픔이 치유가 되기까지의 여정이었다. 나는 현재 진행 중이다. "아빠, 이제부터 매년 뵈러 올게요. 조금씩 시간을 주세요. 아직은…."

내 다리 무 다리

    등굣길 학생들의 모습을 종종 본다. 꺄르르 친구들과 웃는 학생, 피곤한 기색이 역력한 학생 등 다양하다. 내심 기특하다. 모두 행복한 아침의 시작이기를 바라 본다.

    학생들을 구경하다 보면 자연스레 교복도 보게 된다. 기장을 짧게 수선한 학생, 적당한 길이와 품이 넉넉한 모범생 학생, 교복과 체육복을 겹쳐 입은 활동적인 학생 등이 눈에 들어온다. 나는 교복 세대가 아니었다. 그래서 '가 보지 않은 길'에 대한 아쉬움처럼, 교복에 대한 동경이 있다.
    그래서인지 강의 의상에 교복 패션을 가끔 입기도 한다.

    그 시절의 나를 회상해 본다. 중학교 2학년 2학기 때였다. 학교 행사가 있었다. 서기를 맡고 있던 나는 친구와 행사 안내를 해야 했다. 친구와 나는 하늘색 일 자 스커트를 나란히 입었다. 스커트를 입어 본 적이 없던 나는 마음이 불편했다. 내가 해야 할 안내보다도 스커트를 입은 다리에 꽤나 신경이 쓰였다. 기장이 짧은 것도 아니었다. 무릎 아래 길이인 미디스커트임에도 불구하고 내내 촉각을 곤두세웠다.

친구의 스커트는 예쁘게만 보였고 나는 어딘지 모르게 어색하고 어설퍼 보였다. "네가 훨씬 이뻐!" 내 속마음을 어떻게 알아차렸는지, 친구 청선이가 말했다. 그런데 나는 반대로 해석했다. 몇 번을 봐도 내 다리는 넓적하게 퍼져서는 짜리몽땅해 보였다. 친구들이 놀리는 것 같았다. "와아~ 예쁘다." 지나가던 친구들의 칭찬도 야유 섞인 말투로만 들렸다.

그때, 내 눈앞에 전신 거울이 보였다. '정말 괜찮은 건가? 그렇게 보이는 것 같기도 하고….' 아빠가 돌아가시고 난 후 시작된 비교의 역사. 아마 그때부터 시작된 듯하다. 과거의 나를 만나 보니 나는 스멀스멀 시나브로 작아지고 있었다.

결핍! 아빠의 빈자리는 내게 결핍을 안겼다. 파장은 생각보다 컸다. 경제적 위기뿐 아니라 정서적으로도 매우 불안정해졌다. 내 의지로도 조절이 안 되었다. 그 시절에는 특별히 인권이라는 것도 없었다. 이를테면, 학교에서 가정 환경 조사를 하는데 이런 질문을 대놓고 했다. "아빠 안 계신 집 손 들어!" 또 이런 말도 스스럼없이 했다. "육성회비 안 낸 누구, 누구, 누구 교무실로!" 또박또박 호명하는 이름, 그 이름에는 나도 있었다. 나는 의기소침해졌고, 소심해졌고, 눈치 보는 내가 되어 갔다.

결핍은 친구 관계에도 영향을 미쳤다. 고등학교 때는 4총사 친구가 있었다. 친구 오리(친구 별명)가 고1 때 짝꿍이 되면서 난 읍내에 사는 친구들과도 함께 어울렸다. 단짝처럼 끼리끼리. 그때도 나는 최대한 나를 숨겼다. 내 상황을 다 얘기하지 않았다. 친구들이 떡볶이를 먹으러 가자고 하면, 버스 시간 다 돼서 가 봐야 된다고 했다. 실상은? 버스 차비만 매일 받아 오는 내게 떡볶이는 과분한 간식이었다. 돌아오는 버스 안에서 생각에 잠겼다. '나는 왜 이런 오지 시골이 집인 거지?' 자꾸만 내 자신이 초라해 보였다. 하루는 친구들이 커플처럼, 아디다스 슬리퍼를 맞춰 신자고 했다. 나는 엄마가 며칠 전 슬리퍼를 사 주셨다고 거짓말까지 했다. 나에게 브랜드는 상상조차도 못 할 일인 거다.

함께 놀아도 온전히 어울리지 못하는 그 차이. 크고 작은 것들은 학창 시절 내내 계속되었다. 같이 학교를 다녀도 같은 공간에서 다른 느낌을 받는 것이다. 같이 수다를 떨어도 감추면서 얘기하고 있는 비참한 기분에 휩싸이는 것이다.

결핍은 비교를 낳았고 비교는 시기를, 시기는 질투를 낳았다. 모든 것이 부러웠다. 부러움의 항목은 다양했다. 양부모님이 다 있는 것, 오빠 있는 것, 언니 있는 것, 막내인 것, 매일 옷 갈아입고 오는 것, 우유 급식 받는 것, 한별단인 것, 읍내가 집인 것, 학원 다니는 것, 식탁 있는 것 등등.

하루는 친구 집에 놀러 갔는데 친구 엄마께서 과일, 과자 등을 예쁜 접시에 내어주셨다. 그 모습이 TV 속 연예인 생활인 듯 신기했다. 그런데 나는 신기함을 감췄다. 왜냐하면 나도 그런 생활을 하는 연기를 했기 때문이다. '~한 척' 연기하느라 나는 더 심한 콤플렉스를 느끼며 살았다. 물론 속으로. 이런 나의 '척' 생활은 결혼 전까지 지속되었다.

그렇다. 나의 내면은 어두웠다. 무표정한 얼굴. 밝은 낯빛은 찾기 힘들었다. 세상에 대한 모든 것이 비판적이었다. 불공평한 세상에 태어난 것이 억울했다. 투덜투덜 내뱉는 부정적 언어들, 썩은 내가 풍겼었다. 푸르디푸른 10대와 20대, '내 다리 무 다리' 시간들이었다. 내 스스로 나를 괴롭힌 시간이기도 하다. 그 시간을 떠올려 보면, '백설 공주의 계모'인 마녀가 생각난다. 스스로 가진 질투심 때문에 스스로 자신에게 상처를 입히는 것이다.

그런 나의 아픔의 시간들에게 '토닥토닥'해 주기 시작한 건, 그로부터 10년 뒤였다. 내가 웃음치료 수업을 받고 난 이후부터다.

이 덕분에 나의 모든 글 속에는 웃음치료의 기적, 소위 간증이 이어진다.

 누구나 아픔이 있을 것이다. 나의 글 속에 담긴 단어와 문장 속에서 누군가도 기적을 맛보았으면 한다. '내 안의 나에게 다가간다. 손 내밀어 준다. 그리고 아나(안아) 준다. 꼭! 꼭! 꼭!'

숨는 사람, 바보 사람, 나란 사람

마음의 상처가 누적되면 작은 실수 앞에서도 움츠러든다. 나라는 사람이 작아진다. 나의 학창 시절 대부분은 그런 날들의 연속이었다. 초등학교 5학년 때 일이다. 우리 반 전체가 학교에 남아 벌을 서야 했다. "거짓말을 한 친구가 얘기할 때까지 다 같이 벌을 설 거야!" 해가 어둑해질 무렵, 담임 선생님은 두 명만 남기고 친구들을 집으로 보냈다. 그중 한 명이 나였다. 동혁이랑 나. 선생님께서는 더 이상 다그치지 않으셨다. 우리 둘도 집으로 가라고 했다. 선생님은 아셨을 것이다. 그 애가 바로 나라는 걸. 창피함으로 시작된 감정인데 나중에는 고집이 생겼다. 알 수 없는 고집.

그 당시 적십자에서는 성미를 모았다. 지금 검색해 보니, '적십자 사랑의 쌀 한 줌 모으기 운동'이라고 나오는데 비슷했다. 十匙一飯(십시일반). 열 사람이 한 술씩 보태면 한 사람 먹을 분량이 되니, 다 같이 돕자는 의미였다.

그런데 나는 성미 낼 때 너무 부끄러웠다. 엄마가 적어도 너무 적게 담아 주셨기 때문이다. 성미 내는 날 아침, 아빠가 쌀통 근처에서 주무셨던 것이다. 그날 전날, 술에 취한 아빠는 늘 그랬던 것처럼 때리고 부수고 주사를 부리셨다. 부스럭거리면 괜스레 아빠가 깰까 봐 엄마는 옆집 할머니 댁에 가서 급하게 얻어 오셨다. 한 그릇도 안 되는 아주 적은 양. 비닐 봉투 바닥에 깔릴 만큼이었다. 그마저도 동생과 나눠야 했다. 그래서 나는 내 성미라고 말을 안 했다. 하얀 봉투에 이름을 안 적었으니 선생님 입장에서는 답답할 노릇이었던 것이다.

함께 벌을 서 줬던 친구의 이름은 한동혁. 말수가 적은 성격이었다. 세월이 흘러 이제야 연락을 했다. "안녕! 나 미화(개명하기 전 나의 이름). (중간 생략) 만나고 싶은데 어디 살아?" 친구는 평택에서 직장 생활을 하고 있었다. 집은 영주. 중간 지점인 충주에서 만나자고 배려해 줬다. 37년 만의 만남이다. 오랜 세월, 마음 한쪽에 고마움을 지니고 있었다. 나를 살려 준 나의 영웅. 밥값은 꼭 내가 사고 싶었다. "제가 밥을 사야 하는 사정이 있어요, 사장님." 하며 살짝 옥신각신 웃다 지나갔다.

우리는 근처 카페에 가서 이야기를 나눴다. 충주 탄금호가 내려다보였다. 잔잔한 물결을 바라보며 지나간 이야기를 나누기 제격이었다. 내 고마움을 전할 차례. 따뜻한 아메리카노를 두 손으로 쥐고 마무리 못 한 나의 책 속 꼭지 글을 친구에게 내밀었다. 초고인 나의 글 속에 주인공인 친구는 노안인 듯 내가 복사해 온 두 장의 A4 용지를 멀리하다 가까이하기를 반복하며 읽어 내려갔다.

그러더니 친구가 눈앞에 보이는 물결을 쳐다보며 말했다. "그때 네가 이랬었구나. 먹먹하다." 말을 잇지 못하고 멈추기를 반복하던 친구에게 선물을 건넸다. 고요 깨기. "그때 넌 내게 뽀빠이였고, 슈퍼맨이었고, 키다리 아저씨였어. 고마워. 나랑 같이 벌서 줘서…." 예천 지역 잡곡이랑 밥도둑 반찬이자 개포 비타민 장아찌를 건넸다.

친구가 살아온 그 후의 시절도 들을 수 있었다. 아내와 아들딸과의 행복한 가정. 영화를 보는 것처럼 장면들이 그려졌다. 딸의 다가올 성장 과정에서 겪어야 할 일들이 오히려 걱정이라는 친구를 보며, 마음결이 고운 걸 다시 한번 느꼈다. 고운 마음결을 내가 받았으니 지금의 나도 있는 거다. 다시 한번 더 감사를 표했다. "고맙다, 동혁아…."

아무튼 나는 숨는 사람이었다. 솔직하지도 못하고 그런 척하고 말이다. 큰집 언니에게 받아 입은 옷도 "엄마가 사 줬다." 외갓집 언니에게 받은 자석 필통도 "아빠가 사 줬다." 그러다가 어느 날부터는 이런 말문조차도 열지 않았다. 입 꾹, 마음 꾹. 그렇게 나는 서서히 나를 닮아 가고 있었던 것이다.

감정코칭 대가인 최성애 박사와 조벽 교수가 쓴 책이 있다. 제목은 『정서적 흙수저와 정서적 금수저』. 이 책을 읽고 나는 정서적 흙수저로 10대와 20대를 살았다는 것을 알게 되었다. 책에서 저자는 말한다. 정서적 성장의 시작은 분명 '가정'이라고. '자존감'은 씨앗이나 마찬가지라고. 자존감은 '자신이 스스로 생각하고 바라보는 자신'이기 때문이다. 하루하루 숨죽이며 살아온 나의 날들에서 내 자존감은 지하로 뚫고 들어갔었다. 숨바꼭질하는 나만 있었다.

건강한 자존감을 만들기 위해서는 스스로 선택하고 책임지는 훈련을 해야 한다. 자존감 성장의 핵심은 '자기효능감'이다. 자기효능감을 키워 주려면 '경험'으로 쌓은 '성취감'이 필요하다. 그리고 경험의 시작은 누가 시켜서가 아니라 '스스로 하는 선택'이다. 건강한 자존감을 가진 사람의 가장 큰 특징은 남들과 비교하지 않는다. 실패를 두려워하지 않고 숨지 않는다.

나의 30대는 자기효능감을 쌓기 위한 투쟁의 시간과도 같았다. 내 아이들만큼은 나와 같은 굴레를 반복하지 않겠다는 마음이 강했다. 내가 자라고 싶었던 환경으로 가꾸기 위해 노력했다. 부모에게 존대하게 하였고, 형제끼리의 정을 느낄 수 있도록 놀이 게임으로 돈독하게 하였으며, 공부보다 인사 예절을 중요시했다. 그리고 아이들 앞에서 가족을 비롯해 흉을 보거나 험담을 하는 모습은 하지 않았다. 아이들 앞에서 부부의 다정한 모습을 유지했다. 행여 싸우더라고 집 앞 학교로 나갔다. 아빠가 회식으로 늦는 날이면 "아빠가 혼자 회식하는 게 미안해서 우리도 챙겨 주셨네! 치킨 먹자~" 하면서 내가 치킨을 주문하고 아빠와 통화하게 했다. 23살, 24살 우리 아들들은 지금도 얘기한다. 우리 부부가 싸우는 모습을 본 적이 없다고 말이다. 그래서 결혼을 빨리하고 싶단다. 우리 집처럼 화목한 가정을 일구고 싶다고 말이다.

50이 넘어 보니, 가정 환경은 자아 형성의 노른자위다. 심장이 약해 자연 분만이 안 되는 상태여서 다른 사람의 보통의 놀람도 내겐 배가 되어 왔다. 그만큼 나는 늘 불안했었다. 나처럼 자꾸만 숨고 싶고 작아진다면, 한마디 하고 안아 주고 싶다. 이제 나오라고…. 정서적 금수저의 따스한 빛으로 감싸 주고 싶다.

1종 생활보호대상자

　가을비치고 제법 많은 양의 비가 내린다. 빠르게 쌀쌀해졌지만, 마음만큼은 그저 편안하다. 아이들이 성인이 되니, 아침 식사 차리고 학교 보내던 과거와 달라졌다. 이제 나의 아침은 비교적 시간적 여유가 있다. 며칠 전부터 하려고 했던 스케줄을 소화해 보려고 한다. 검색을 해 보니 안과 진료가 8시 30분부터 시작이다. 서둘렀다. 1등으로 접수하고 진료받고, 1등으로 약국에 갔다. 내친김에 치과도 가고 보험 청구 서류를 신청한 뒤 복권 교환까지 끝냈다. 그렇게 도착한 나의 카페. 보람찬 오전을 보냈다. 심촌지도소 카페에 도착하면 '심'(心)이라는 한자에 걸맞게 내 마음이 노곤노곤 편안해진다. 콧노래도 절로 나온다.

　노트북을 켰다. 오늘 떠올렸던 단상을 문장으로 적어 보고 싶어서다. "눈이 하늘에서 내리는 침묵이라면 비는 하늘에서 떨어지는 끝없이 긴 문장들인지도 모른다."(소설『희랍어 시간』) 노벨문학상

수상을 받은 한강 작가는 '비'를 보면서 '문장'을 생각해 냈다. 비 내리는 오후, 나도 글을 써 볼까나. 내가 쓰고 싶은 오늘의 글은 병원과 관련이 있다. 치과에서 문득 떠오른 과거 일화가 있었다.

  고등학교 1학년 때 나는 친구 3명과 치과에 갔다. ○○치과. 이름도 생생하게 기억이 난다. 친구들은 의자에 앉았다. 나는 자리에서 일어나, 치위생사 두 명이 있는 접수대로 갔다. 엄마가 아닌 친구들과 병원을 온 건 처음인 나는 어색하게 접수를 했다. "기다려." 치위생사 선생님이 나의 의료보험카드를 보고 말했다. 그렇게 기다림이 시작되었다. 내 뒤에 온 사람을 몇 명 보냈는지 모르겠다. 계속된 기다림의 연속. 접수대에 가서 이야기를 했다. 그랬더니, 이런 말이 돌아왔다. "야, 돈도 안 내고 진료 보면서, 좀 기다려."

  친구들이랑 간 치과. 혼자서 처음 접수해 본 치과. 치위생사의 말 속에는 차별, 혐오, 냉소 등 불편한 지점들이 있었다. 나는 병원을 나왔다. 의료보험카드를 조각조각 찢어서 쓰레기통에 미련 없이 버렸다. 친구들이 들었을 수도 있어서 창피했고, 여러 감정이 휩싸였다.

  아빠가 돌아가시고 환경이 달라졌다. 궁핍한 현실은 피부로도 와 닿았으니까. 그런데, 의료보험카드도 차등으로 되는지까지는 구체적으로 몰랐던 나였다. 지금이야 어떤지 모르겠지만, 그 시절 정부의 생활보호대상자는 1종과 2종으로 크게 둘로 나뉘었다. 1종 대상자는 의료비를 전액 지원받고, 2종 대상자는 본인이 일부 부담하고, 나머지는 지원을 받는 식이었다.

소외계층은 장애인과 장년·노년층, 저소득층, 농어민, 북한 이탈주민, 결혼 이민자 등이다. 소외계층이 된 나는 인간적인 존엄성까지도 잃어버린 듯했다. 삶이 고단하고 팍팍했다. 나는 자꾸만 작아졌다. 조금이라고 딛고 일어서고 싶은 의욕이 생기지 않았다. 하고 싶은 것도 가지고 싶은 것도 없어졌다. 모든 것이 부질없이 느껴졌다고 해야 할까. 사람은 절망하지 않기 위해 어떤 형태로든 희망을 가지려 한다. 그런데 그 희망마저 없으면 무너지고 만다.

영화 「기생충」에서 유명한 대사가 있다. "절대 실패하지 않는 계획이 뭔지 아니? 무계획이야. 계획이 없으니까 뭐가 잘못될 일도 없고, 또 애초부터 아무 계획이 없으니까 뭐가 터져도 다 상관없는 거야." 그 시절의 내 마음이 이러했다.

그런데 어느 날, 동생이 이가 흔들리고 아프다는 거였다. 엄마랑 동생이 내가 받았던 대우를 받는다고 생각하니, 나는 화가 났다. 그래서 나는 함께 동행에 나섰다. 접수대 치위생사는 여전히 차별적인 접수를 받고 있었다. 1종 생활보호대상자 의료보험카드를 지닌 이들에게는 사뭇 다른 그녀만의 태도. 나는 이렇게 말했다. "장래 희망이 생겼어요. 생활보호대상자에게 친절한 간호사가 될 거예요." 불의에 맞설 힘과 배짱이 내게 남아 있었나 보다.

그로부터 3년 뒤, 나는 서울서 간호조무사 학원을 다녀 간호조무사가 되었다. 그때 그 치위생사분들에게 감사해야 되는 건가? 무기력한 내게 동기 부여를 강력하게 주셨으니 말이다.

최근에 지역아동센터에 다니는 아이들의 인터뷰 기사를 읽었다. "지역아동센터 다닌다고 하면 친구들이 싫어할까 봐 그냥 학원 다닌다고 해요. 알려지면 돈 없는 집 아이라고 무시당할까 봐 걱정돼요.", "'아동급식카드' 꺼내는 것이 망설여져요."

지역아동센터에서는 중위소득(총가구를 소득순으로 줄 세웠을 때 가운데 위치한 가구의 소득) 100% 이하의 저소득층 아이를 정원의 80%까지 받는다. 제도는 좋지만, 어떻게 보면 이런 것들이 복지 사각지대의 그림자 같다.

아팠던 그 시절의 나. 글을 쓰면서 지금도 아파하고 있을, 아이들이 생각난다.

습관이 중독

나의 20대. 그 시절 나는 서울 용산에 있었다. 간호조무사 자격증 취득을 위해서였다. 한 방에 4명씩, 기숙사 생활을 했다. 함께한 룸메이트 친구들은 저마다 각 지역에서 왔었다. 충청도 논산, 전라도 땅끝 마을 해남, 강원도, 경상도….

나는 논산에서 나란히 올라온 순화랑 영숙이, 영암에서 온 현주랑 한 방을 사용했다. 우리 넷이 발 뻗고 누우면 방이 다 찼다. 우리에게 딱 맞는 방이었다. 바퀴벌레가 수시로 등장하고 화장실은 수세식이었다. 머리를 감고 샤워하려면 가스레인지에 양동이를 올려 물을 데워야 했다. 그러나 나에게는 천국이었다. 나름 싱크대도 있었고, 나에겐 고급진 환경이었다. 가스레인지 차지가 아침 준비의 관건! 늘 나는 1등으로 일어났다. 준비 끝.

무엇보다도 용산이라 한강이 가까웠다. 10분만 걸어가면 되었다. 한강 뷰를 즐기며 맥주를 마시기도 했다. 낭만을 누렸던 것이다. 지금도 이 글을 쓰면서 입가에 미소가 번진다. 재미났던 추억이 떠오른다. 말투와 억양도 다른 친구, 언니들과 모여서 놀았던 기억들. 처음에는 정말 어리바리했다. 지하철에 사람들이 붐비는 것도 신기하고 하얀 와이셔츠와 넥타이를 매고 출근하는 직장인을 바라보는 것만으로도 이색적이었다. 어느 날은 명동 한복판에서 지갑이 없어지기도 했다. 소매치기범이 가방 밑을 칼로 슥 그어 버린 것이다. 그만큼 어리벙벙하게 다녔었다.

당시 나는 밤마다 화장을 했다. 밤에 화장을 한다는 게 상식적으로 말이 안 되는 일이다. 그런데 나는 씻고 잠자리에 들기 전 눈썹을 그렸다. 나의 화장대는 라면 박스였다. 박스 위에 보자기를 씌워서 리폼을 했다. 그곳에 앉아 눈 화장을 하는 나란 사람. 친구들이 물었다. "너 어디가?", "아니.", "그런데 왜 화장을 해?", "이렇게 해야 잠이 와."

나는 내 눈에 콤플렉스가 있었다. 고등학교 영어 시간이었다. 영어 선생님께서 본문 단락 읽기를 순서대로 시켰다. 그런데 갑자기 내 옆으로 오셔서는 읽어 보라고 하시는 것이다. 내 순서가 아니었는데 말이다. 내가 읽어 내려가자 선생님께서는 "졸고 있는 줄 알았다."라며 '졸린 눈'에 대해 언급을 하셨다. 난 그 수업 시간부터 고민을 했다. 엄마 화장품이 눈에 들어왔다. 그렇게 나는 아이펜슬로 아이라인을 그렸다. 비어 있는 게 너무 많아서 자꾸만 채워야 하는 '과거의 나'였다. 마음도 채워야 하고, 눈도 채워야 하고…. 지금도 당시 룸메이트 친구들이 나를 떠올리면 눈 화장을 하던 내가 생각난단다.

또 하나, 나는 수면제를 먹어야만 잠에 들 수 있었다. 한 알에서 두 알, 두 알에서 세 알. 약은 늘어만 갔다. 물론 친구들은 그런 나를 걱정했다. 그 시절 나는 양 한 마리, 양 두 마리를 세듯 걱정을 나열하며 살았다. 걱정 잡기 놀이. '이렇게 천천히 돈이 모아져서 어쩌지?', '내 동생 기죽고 학교 다니는 건 아닌가?', '엄마와 동생은 잘 지내고 있나?' 등등. 잠들려고 눈만 감으면 천장에 걱정들이 둥둥 떠돌아다녔다. 나는 걱정들을 야금야금 집어 먹느라 잠을 못 잤다.

"걱정을 해서 걱정이 없어지면 걱정이 없겠네." 티베트 속담을 알았더라면, 잠을 좀 잘 수 있었을까. 지갑 사정도 여의치 않고 마음에 여유도 없었던 그 시절, 비슷한 환경의 룸메이트들과는 시간이 흐른 후에야 여행을 함께 떠났다.

2021년에는 강화도로, 2024년에는 인천 파라다이스시티 호텔에서 호캉스 휴가를 보냈다. 꿈인지 생시인지 모를 시간이었다. 우리는 다시 20대 그 시절로 돌아가 추억을 나눴다. "맞아.", "그랬지.", "정말?" 서로 맞장구를 치며 웃었다. 그런 친구들이 이제 내게 말해 준다. "도경이가 젤 먼저 잠든 거 알아?" 두 번의 여행에서 나는 잠들기 1등을 했다. 친구들은 흐뭇해했다. 힘들었던 시간을 공유했던 우리이기에 수면제 없이 잠드는 나를 그저 다행이라고, 그저 감사하다고 말할 수 있었던 것이다.

불확실성이 짙은 20대였다. 그런 내가 이제는 20대에 접어든 두 아들의 엄마가 되었다. 지금의 청춘들 역시 대부분 암담함을, 망설임을, 불안함을 지니고 살고 있다. 내가 경험해 보니, 부정적인 생각은 시작을 하면 멈출 줄을 모른다는 것이 '함정'이다. 불안 지수가 높아지면 다가올지도 모를 위험에 대비해 자기방어적이고 공격적으로 변한다. 자잘한 사항까지 신중해진다. 걱정을 지닌 채 같은 자리에서 맴돌며 나아가지도 못했던 나. 결국 신경 쇠약과 예민한 삶이 지속되어 수면제에 의지를 한 거였다. 수면제에 의지하면 할수록 불면과 걱정의 무게는 커져만 간다.

걱정 중독이 사라진 나만의 비법을 묻는다면, 단연 '실천'이다. 아주 작은 것에서 시작해야 한다. 작은 행동이 쌓이면 집중 에너지가 뿜어져 나온다. 그 틈새 안으로 빛이 들어온다. 천천히 하나씩.

손 편지 기적

왓츠인마이백이라는 콘텐츠를 아는지. What's in my bag. 말 그대로 내 가방 속에 있는 물건들을 보여 주는 것이다. 유튜브에는 여러 연예인들이 자신의 가방 안에 들어 있는 물건들을 소개해 주는 코너가 많다. 그러면 팬들은 연예인의 취향을 보기도 하면서 또 구경하는 재미를 맛본다.

검정색 배낭 가방. 내 가방을 바라본다. 노래 수업을 다니는 나는 노트북을 비롯해 제법 짐이 많다. 그중에서도 늘 지니고 다니는 나의 아이템들이 있다. 바로 일정을 적어야 하는 다이어리와 볼펜 같은 필기구. 그렇다. 나는 아날로그의 아이콘이다. 물론 스마트폰이야 있지만, 나의 아날로그 친구들은 역사의 뒤안길로 사라지지 않았다. 자고로 필기는 종이에 해야 제맛 아닌가?

아날로그 이야기를 하니 '손 편지'가 생각난다. 가을은 편지와 궁합이 잘 맞는 계절이기도 하다. 편지 하니 생각나는 추억이 있다. 2005년으로 거슬러 올라가 볼까. 그때 나는 한 보험사 교육을 받고 있었다. 첫째는 어렸고, 둘째는 아팠던 그 시기. '힘들다, 힘들다'가 노래 구절처럼 맴돌던 그 시절이었다. 늘 그 중심에는 '돈'이 있었다. 지독한 돈과의 밀당 시간. 밑 빠진 독에 물 붓기. 나는 끙끙 앓다 못해 안 마시던 술까지 마시고 있었다. 직장도 다닐 수 없는 나의 환경. 엄마 식당 일만 도우며 살다 보니, 마음 안에는 가시덤불이 자랐다.

그러던 차에 엄마 지인 되는 분이 보험사 교육을 한 달 받으면 백만 원을 받을 수 있다고 했다. 대신 출석은 100% 해야 하는 조건이었다. 엄마 지인은 교보생명 팀장이셨다. 지금도 나는 숫자 개념과 재테크에는 영 문외한이다. 그저 나는 백만 원에 몰입되어 기회를 냉큼 잡았다. 그만큼 한 푼이 절실했다.

단, 교육 내용은 관심이 없으니, 출석 기간 내내 멍하게 있었다(훗날 교보생명 동기들을 만나 옛 추억을 회상했는데, 그때 교육팀장님께서 나를 '멀뚱멀뚱 낙서만 하는 교육생'으로 기억해서 다 같이 한바탕 웃었던 적이 있다. 정말 맞는 말이다). 그래도 한 달의 시간 중 유일하게 눈빛이 반짝반짝 빛났던 그런 날이 있었다. 바로 DM 발송 시간. 담당자는 10명에게 보내라고 했다. 나는 단 1명에게 5장 남짓의 손 편지를 써 내려갔다. 교육 담당자님은 나를 포기한 모양인지 다그치지 않으셨다. 쓰면서 울기까지 하니 어리둥절하셨을 거다.

나의 손 편지, 수신인은 시어머니였다. 나의 결혼 생활은 신혼 일 년을 빼면 갈수록 산 넘어 산이었다. 상황이 여의치 않아 친정에 얹혀살고 있는 데다가 내 마음이 편치 못하다 보니, 명절과 가족 행사도 버거웠다. 숨이 막혔다. 만나는 것도 불편했다. 둘째가 병원을 자주 오가니 돈도 문제였고, 남편과도 보이지 않은 갈등이 있었다. 미묘한 심리 싸움 같은. 당연한 상황이었다. 남편도 힘든지 술을 시작했다. 기독교 모태 신앙이었는데 말이다. 모든 게 꼬여 갔다.

그래서 시어머니께 절실한 호소를 하기로 한 것이다. 손 편지에 꾹꾹 담은 나의 마음 조각. 나는 사랑받고 싶었다. 종교가 없는데도 교회에서 세례를 받은 것도 그런 이유에서였다. 인정받고 싶었다. 게다가 나는 아빠도 일찍 돌아가셨기에 시아버님에게 귀여움을 받고 싶었다. 그런 시아버님께서 우리 첫째 태어나던 해 뇌졸중으로 쓰러지셨다. 어머님도 병간호 세월을 18년 하셨다. 우리 어머님 정말 대단하다. 대면에서는 하지 못했을 건데 손 편지라 용기가 나왔다. 구구절절 속마음을 모두 글로 표현했다. 한 자 한 자 써 내려가면서 자꾸만 눈물이 나왔다.

편지가 도착한 날, 어머님께 전화가 왔다. 어머님의 울먹이는 목소리가 맴돈다.

"고맙다, 막내야. 네 마음이 이랬구나. 솔직히 막내(나의 남편)는 내게 딸 같은 아들이었다. 시장에서 속옷을 살 때도 옆에서 재잘재잘하면서 골라 줄 만큼 살가운 아들이었지. 결혼해도 일주일에 한 번 와서 밥 같이 먹는다고 약속도 하고 전화 자주 한다고 얘기한 아들이 어느 날부터 뜸해지니 나도 사람인지라 서운하더라. 솔직히 그게 다 네게 야속함이 가더라고. 나 역시 쓰러져 있는 남편을 케어하고 있으니 점점 기대도 커지고 서운함이 깊어지더라. 너희가 이렇게 힘든지는 생각을 못 했어. 내가 어른스럽지 못했구나. 미안하다. 앞으로 내가 잘해 주련다. 우리 막내며느리 고맙다. 이렇게 편지를 보내 줘서 고맙다. 사랑한다."

그랬던 것이다. 우리 상황을 다 아시면서 내게 모질 수가 있나 생각했다. 남편은 시어머님 몸도 마음도 힘든 걸 아니까 우리 사정을 얘기 안 한 것이다.

어머님과의 전화를 끝내고 이상하리만큼 내 마음은 후련해졌다. 가슴속에 있던 시커먼 숯덩이가 빠져나간 것 같았다. 그리고 큰 깨달음을 얻었다. 말하지 않으면 모른다는 것을.

얼마 전 대한민국 역대 다섯 번째 필경사 유기원 주무관의 기사를 읽었다. 필경사(筆耕士)는 대통령 명의 임명장을 붓글씨로 쓰고 대한민국 국새를 날인하는 공무원이다. 필경사는 통상 1년에 4~7천 장의 임명장을 작성한다고 한다. 연합뉴스와의 인터뷰에서 그는 디지털 시대에 아날로그 손 글씨가 갖는 힘을 강조했다. "컴퓨터 글씨로 출력한 글씨는 마음이 제대로 전해지지 않을 것 같아요. 감정을 담아 진심을 전하는 것이 손 글씨의 힘입니다."

나는 이 말에 크게 공감을 했다. 아날로그는 진실 앞에서 디지털을 이기는 경우가 많다. 나는 어머님께 보내는 손 편지 이후로 시댁에서 더 이상 체하지 않았다. 가슴이 먹먹한 것도 사라졌다. 시어머님의 온화한 표정과 대화가 나를 치유했던 것이다. 하나하나 디딤돌을 잘 건너온 것이다. 손 편지의 기적. 잊지 못할 추억이다.

전세에서 쫓겨나다

한국인에게 집이 갖는 의미는 남다르다. 요즘에는 '집'의 근본적인 의미보다도 '부동산'에 집중되어 있다. 영어로 '하우스(House)'라 불리는 물리적인 공간을 넘어 그 안에 살아가는 가정 '홈(Home)'의 의미가 희미해져 가고 있다. 지금의 부동산은 자산과 연결된다. 내가 사는 지역과 평수 등 모두 숫자로만 이야기를 한다.

내가 살아온 방향과는 다르다. 나는 결혼 준비를 할 때야 비로소 집이 경제력이라는 걸 알았다. 집 없는 서러움도 몰랐다. 그 시절 내 생각은 당찼다. '젊고 건강한데 뭐. 차차 돈 모으면 되지.' 뭐 어떻게 보면, 나에게 칭찬해 줄 수 있는 것 하나가 바로 이것이다. 당찬 생각. 아빠 계실 적에 워낙 정신적 빈곤이 컸기에 오히려 경제적 가치관은 심플했다. '알뜰히 살아가면 된다.'였다.

이번 글은 어떻게 보면 나의 '집 연대기'와 같다. 인생은 계획대로 척척 흘러가지 않는 법. 닥쳐오는 상황과 환경에 따라 변수도 생기는 법. 집도 마찬가지였다. 나의 신혼집은 옥탑방이었다. 예천군 대심리에 자리한 단독 주택 2층의 옥탑방. 방 하나, 화장실 하나, 작은 거실이 전부로 요즘의 원룸이란 표현이 이해가 쉽겠다. 남편과 나는 둘 다 사는 게 거기서 거기였다. 비슷해서 다행이었다. 둘 다 아끼면서 열심히 살려고 했다. 2000년 6월, 첫째가 태어날 때 평수를 늘려서 아파트로 이사를 갔다.

옥탑방에서 아파트로. 지금도 선명하게 기억이 난다. 마냥 좋았던 시절로 말이다. 장롱, 식탁, 거실장, 소파, 그릇, 숟가락, 기타 등등의 모든 살림살이들을 새로 장만했다. 우아하게 앞치마를 두르고 설거지를 했다. 거실 슬리퍼를 신고 사뿐사뿐 집 안을 돌아다녔다. 옛날 친구 집에서 부러워했던 식탁, 그 식탁에서 밥을 먹는다는 게 행복했다. 구름 위에 둥실둥실 떠 있는 기분이었다. 영화 속 주인공이 된 듯했다. 나를 향해 카메라가 돌아가고, 행복의 일상을 촬영하는 듯했다. 일 년, 딱 일 년을 그렇게 누렸다.

2002년 6월 8일, 둘째가 태어나면서 아파트 생활도 막을 내려야 했다. 둘째의 병원비를 감당하지 못했기 때문이다. 둘째가 태어났는데 엄마인 내게 아이를 보여 주지 않는 거였다. 아이는 발에 링거를 꽂고 인큐베이터에 있었다. 선천성 호흡곤란증후군이란 진단을 받은 둘째.

처음에 병원에서는 큰일이 아니라며, 걱정을 안 해도 된다고 했다. 그러다 2주 뒤, 큰 병원으로 옮겨야 한다고 했다. 둘째는 서울대학병원 어린이 병동에서 10월 말까지 입원을 했다. 응급실에서 일주일, 1인실에서 일주일, 2인실에서 일주일, 6인실에서 나머지를 보냈다. 한 달 병원비 260만 원. 남편 월급으로는 감당이 안 되었다. 정보도 없어 보험을 들어 놓지 않아 병원비가 만만치 않았다. 공무원 대출을 받았다. 마이너스 통장 인생이 시작되었다.

전세 아파트를 정리하고 친정집으로 들어가야 했다. 친정집에서 3년을 살았다. 그러다 다시 예천 읍내 전세 아파트를 구해 나왔다. 친정집이 시골이기는 하지만, 환경적으로 좋지 않았다. 친정 엄마는 식당을 운영하셨는데, 그때만 해도 손님들이 담배를 실내에서 피웠다. 삼겹살 고기 연기도 네뷸라이저 호흡기를 수시로 해야 하는 둘째 아들에게 치명적이었다. 병원 원장님의 조언에 따라 우리는 이사를 했다. "커튼 피해야 됩니다. 침대 피해야 됩니다. 천 소파 피해야 됩니다. 밀가루 음식 피해야 합니다. 환기 자주 시켜야 합니다." 많은 것들을 주의해야 했다. 그렇지만 모두 "네! 네! 네!" 했다. 금쪽같은 내 새끼가 살아서 옆에서 웃고 쫑알거리고 있으니, 나는 다 할 수 있었다. 아니 다 했다. 그 모든 걸 할 수 있다는 것이 감사했다.

예천 읍내 강변 아파트로 이사 오던 날, 짐은 친정에 거의 다 두고 왔다. 작은 평수이기도 했지만, 아들에게 맞는 맞춤살이를 해야 했다. 아들들도 어리니 식탁보다는 접었다 폈다 하는 밥상을 사용했다. 솔직히 식탁 둘 자리가 없기도 했다. 그나마 신혼 시기에 영화 속 주인공으로 1년 생활을 해 봤으니 만족했다. 아파트 앞에는 강변이 있어서 참 좋았다. 두 아들을 유모차에 태우고 도란도란 얘기를 나누며 걸을 수 있었다. 이 시간도 잠시였다.

이사 온 지 11개월째. 집주인이 이사를 가 달라고 했다. 아니 집을 비워 달라고 한다. 1가구 2주택 세금 문제로 우리는 또다시 계획에도 없는 이사를 해야 했다. 시간도 촉박했다. 사실상 쫓겨났다고 하는 게 맞다. 급하게 집을 구해야 하는데, 예천에는 집을 구할 수가 없었다. 남편 직장도 예천인데 막막했다. 어느 날 남편 직장 선배님께서 안동 두레마을 임대 아파트가 어떠냐고 하셨다. 다행히 시기가 잘 맞았다. 이 아파트는 임대 기간이 끝나고 분양을 하는 시기였다.

집 없는 서러움을 겪은 우리 부부는 분양을 받아 안동 세영두레마을로 이사를 갔다. 옥탑방, 전세 아파트, 친정집을 돌다가 내 집 마련을 한 것이다. 비록 대출을 받아 마련한 집이지만, 감개무량했다. 못도 마음대로 박을 수 있고 개조도 할 수 있고, 무엇보다도 쫓겨날 위험이 없었다.

나는 이 아파트에서 정말 열심히 살았다. 둘째가 수시로 입원을 하는 터라 직장을 다닐 수 없었지만, 돈은 벌어야 했다. 그래서 집 안이 나의 일터가 되었다. 사업자등록증을 내고 안방에서 피부 관리실을 운영했다. 나의 단골손님은 늘어 갔다. 아파트 주민분들을 비롯해 아들이 입원한 병원 간호사들까지. 그때의 이야기는 후에 자세히 한 번 더 쓰겠지만, 나는 급하게 이사 온 집에서 오히려 전성기를 맞이했다. 좋은 일들이 일어나기 시작하니 자신감도 붙었다. 세계적인 베스트셀러 『시크릿』에 나오는 '끌어당김의 법칙'을 나는 이 집에서 누릴 수 있었다.

전화위복. 상상해 본다. 2005년, 만약 그때! 예천 강변 아파트 주인이 쫓아낸 일이 없었다면? 내가 예전에 그토록 부러워했던 친구들 집처럼 다 갖춰진 상황하에 풍족하게 시작했다면? '지금의 나'는 없었을지도 모른다. 과연, 그랬다면 사업적인 부분에서 창의적인 발상 기법이 생겨났을까. 그 시점을 중심으로 나는 '돈을 벌어야겠다.'라는 생각에서 그치지 않고 실천했다.

2022년, 강의장에서 예전 예천 집주인을 만났었다. 나는 공손히 두 손을 모아 "안녕하세요! 감사합니다!" 하고 인사를 했다. 내 인생 학교 스승이나 마찬가지니까. 모든 만남과 순간은 배움을 남긴다. 좋은 일이든 아니든. 나쁜 사람을 만나면 '저분처럼은 살지 말아야지.' 하면 된다.

짝꿍 언니의 한마디

　어느 날, 엄마가 경북도립대학교 안에 있는 뷰티디자인과에 들어가면 어떻겠냐고 권하셨다. 만학도에게는 장학금 혜택도 있다고 귀띔하셨다. "예전 이쁜 딸 모습을 찾으면 좋겠는데…." 말끝을 흐리던 엄마. 첫 등록금은 엄마가 내주신다고 해서 등록을 했다.

　그 당시 나의 상태는? 거울도 잘 들여다보지 않았던 때였다. 솔직히 말하면 무심코 거울을 보고 나도 모르게 뒷걸음질을 쳤더랬다. 몸무게 89kg, 옷 사이즈 88. 킹콩이나 다름없었다. 발도 곰 발바닥 같았다. 얼굴은 여드름투성이에 총체적 난국이었다. 머리도 대충 질끈 묶고 목 늘어진 티셔츠만 입고 다녔던 나.

　변명을 좀 해 보겠다. 아픈 둘째를 키우면서 나를 방치했었다. 매번 병원과 집, 병원과 집을 오고 가는 상황이었기에 나를 돌볼 여력이 없었다. 대인기피증이었는지도 모르겠다.

친정 엄마는 나에게 있어 참 고마운 존재다. 식당을 운영하는 엄마 일을 옆에서 조금씩 도우니, 엄마는 아들 입원 비용을 도와주셨다. 게다가 뷰티디자인과 첫 등록금까지. 아낌없이 나에게 준 엄마였기에, 나도 엄마에게 보답하고 싶다.

2005년 3월, 난 대학생이 되었다. 내가 수업이 끝날 무렵이면, 아이들은 아빠와 학교 잔디밭에서 날 기다렸다. 그 모습이 생생히 기억난다. 며칠 전 둘째 아들이랑 차 타고 지나가던 길에 학교가 보이기에 "기억나니? 잔디에서 축구하면서 엄마 기다린 거?" 했더니 "네~" 하며 웃는다. 그리고 거드는 한마디에 빵 터졌다. "그때 찍은 영상을 봤는데 제가 아역 연예인 해도 될 만큼 귀엽더라고요." 하는 거다. 사실 성소병원 간호사 선생님들이 아이가 귀엽다며, 링거 테이프에 낙서도 많이 해 주셨다.

뷰티디자인과! 주부 만학도가 5명이었다. 난 여기서 단짝과도 같은 짝꿍 언니를 만났다. 그날 수업 시간으로 들어가 본다. 이상희 교수님의 메이크업 강의 시간, 나는 단짝 언니와 앞자리 창가 쪽에 앉았다. 서로의 얼굴에 메이크업을 해 주는 실습 시간이었다. 서로 메이크업한 모습을 사진 찍어 교수님께 제출하면 된다. 서른한 살, 내 모습은? 충격 그 자체! 무슨 영정 사진 같았다. 얼굴엔 그늘이 가득했다. 모두 그렇다 할 표현은 안 했지만, 내 사진을 보고 놀라던 그 표정들을 나는 느꼈다. 무엇보다도 내 스스로 부끄러웠다. 나보다 8살 많은 짝꿍 언니의 모습은 싱그럽고 예쁘기만 했다. '살아온 세월이, 지금까지의 내 힘겨운 시간들이 사진 속 내 모습이구나.'

그날의 사진은 내게 많은 것을 가르쳐 주었다. 짝꿍 언니는 말했다. "미화야(개명하기 전 내 이름), 넌 네 이목구비에게 진짜 미안해해야 해. 웃어야 이목구비가 돋보일 텐데 '세상 고민은 다 나의 것'이라는 표정을 매일 짓고 있으니 자꾸 미워지잖아."

짝꿍 언니는 참 신선했다. 늘 올라간 입꼬리, '솔' 톤의 목소리, 귀티 나는 패션, 화법과 제스처는 연예인 김희애와 닮아 있었다. 늘 먼저 "안녕! 얘들아!" 하고 인사를 건넸다. 나는 언니 쪽으로 의자를 바짝 들이대며 되물었다. "언니, 나 언니처럼 될래. 어떻게 해야 해? 가능할까?" 언니는 눈길이 가는 곳마다 거울을 놓고, 자신에게 인사를 하라고 일러 주었다. "안녕!" 여기서 포인트는 입꼬리를 올릴 것.

그 뒤, 짝꿍 언니는 1학기를 마치고 점촌 모전동에 '서미희 에스테틱'을 오픈했다. 나는 언니의 피부 관리실에서 근무했다. 그리고 언니의 모든 것을 하나하나 모방했다. 피부 관리 테크닉부터 고객 응대 기법과 고객 관리 등을 말이다. 무엇보다도 언니는 한 달에 두 번 가량 입원해야 하는 둘째 아들의 환경을 이해해 주었다. 배려해서 편하게 일을 배우게 해 주었다.

뷰티디자인과를 졸업할 무렵, 나는 여드름 피부에서 벗어나 물광 피부로 변신했다. 땅바닥과 입맞춤했던 입꼬리는 하늘과 가까워졌다. 스마일 인상으로 탈바꿈한 것이다. 두 가지가 조화가 되어 이룬 변화였다. 외적 피부 관리 '미소 거울'과 내적 피부 관리 '롤 모델 언니' 덕분이었다. 그래서 언니는 내 인생의 첫 번째 롤 모델이자 인생 스승이다.

'달라지고 싶다.'라고 했을 때 나를 움직이게 해 준 언니, 바른 자세를 장착한 언니, 흐트러짐 없이 단아함 그 자체의 언니. 그런 언니를 좋아하는 이들이 주변에 많다. 세월이 흘렀다. 30대였던 나는 50대가 되어서도 언니를 만난다. 여전히 언니에게는 언니만의 후광이 있다. 거기에 우아함까지 더해졌다.

"어리석은 사람은 인연을 만나도 몰라보고, 보통 사람은 인연인 줄 알면서도 놓치고, 현명한 사람은 옷깃만 스쳐도 인연을 살려 낸다." 피천득 수필 『인연』의 한 구절이 떠오른다. 스치는 인연은 부지불식간에 다가온다.

언니는 나의 귀한 인연이다. 나를 빛나게 해 주는 귀한 인연!
"언니, 고마워! 언니 덕분이야. 그때도 지금도 언니는 멋지고 나의 롤 모델이야! 언니를 추앙해."

고소당한 나

 2017년의 일이다. 협동조합을 운영하고 있을 때, 갑자기 아나드림 협동조합 사무실 문이 열렸다. 느닷없이 두 명의 성인 남성이 들어왔다.
 "도청에서 민원이 들어와서 왔습니다. 대표님 계십니까?"
 "접니다만….."
 "사업자등록증 있습니까?"
 "잠시만요."
 예고 없이 들이닥친 사건은 처음이었다. 내 인생에서 평생 기억될 하루이기도 하다.
 영문도 모르고 나는 사업자등록증을 그들에게 보여 줬다. 통장 요구도 하길래 법인 통장까지 보여 줬다. 1시간 남짓. 그 시간 동안 마음이 얼었다. 본격적으로 찬바람이 불던 시기이기도 했지만, 분위기상 긴장을 안 할 수가 없었다.

서류를 보던 공무원 두 분은 헛웃음을 지었다.

"전○○ 님, 남편 분이시죠? 통장에 월급 지급 내역도 없네요."

"네. 쉬는 날이면 사무실 일을 도와줬어요."

민원 접수된 내용을 그제야 들었다. 첫 번째는 내가 강사 월급을 착취한다는 것이었다. 두 번째는 남편이 공무원인데 투잡을 한다는 것이었다. 듣는 순간 현기증이 났다. 후자부터 설명을 하자면, 남편은 그저 내가 컴퓨터 사용이 서툴러서 도와줬을 뿐이었다. 하지만 오며 가며 강사님들 보는 눈이 있으니, 사무실에서는 남편을 '국장님'이라고 호칭했다. '자기야'라고 부르는 건 아니다 싶어 결정한 것이었다. 그런데 이를 오해했던 모양이다.

도대체, 누가, 왜?

나중에는 알게 되었다. 보통 이런 일들은 가장 가까운 지인일 가능성이 높다. 결국 나는 신고자를 알게 되었다. 바로 전날까지 만났던 언니였다. 심지어 내년 일정을 논의했었다(사무실에서는 선생님이라고 호칭했다). 10여 년의 인연. 나는 그분의 재능을 발견해 일을 할 수 있게 해 드렸다. 왜냐하면, 우리 사회적 기업 자체가 강사를 양성하고 일자리를 창출하는 것이었으니까. 컨설팅 비용으로 사무실 운영도 하면서 사회 기부까지 하는 협동조합이었으니까.

처음에 언니는 "일을 하게 해 주어 고맙다."라며 후포가 친정집이라 집에 해물도 가득 가져다주면서 쪄 주고 삶아 주어 부담스러울 정도였다. 그런데 그런 사람이 나에게 총부리를 겨눈 것이다. 충격이 이만저만이 아니었다. 식은땀이 나서 쓰러졌다. 일주일을 누워 있었다. 인연에 '돈'이 붙으니, 관계는 온데간데없다. 부질없었다.

 반전은 그날, 사무실에 찾아왔던 공무원분들이 오히려 조언을 해 주셨다. 사업체에서는 사람을 잘 뽑아야 한다고 하셨다. 그러면서 도리어 교육 프로그램을 소개해 주고, 연계해 주셨다. 도청과 시청에 확실한 홍보 효과를 한 셈이었다.

 마음이 아프니 몸에도 영향이 갔다. 이석증이 생겼다. 이석증은 속귀의 이석 기관 내에 원래 자리 잡고 있어야 할 '이석'이 떨어져 세반고리관 안을 돌아다니면서 머리 움직임에 따라 어지럼증을 유발하는 질환이다. 어지럼증이 너무 심해져서 일상에도 지장이 갈 정도였다. 불도저처럼 밀어붙이기만 하던 나는 잠시 생각했다. 쉼의 시간, 돌아봄의 시간이 필요했다.

 어떻게 대처를 할 것인지, 가족회의를 했다. 명예훼손죄로 고소를 할까도 했다. 그런데 하지 않았다. 얼마나 지난한 싸움인지 알아서였고, 오히려 나에게 손해라는 생각이 들었다. 남편 역시 신고를 하고 경찰서를 왔다 갔다 하면 긴 시간 더 힘들어질 것이라고 했다.

나도 이 사건의 끈을 자르고 싶었다. 남은 끈은 버렸다. 행복하려면 성숙한 인간관계가 필수다. 그런데 이건 모든 사람에게 동등하게 적용될 때만 '인간관계'라고 불러야 한다. 누군가 이렇게 말했다. "헌법보다 인간관계." 명언 중의 명언(銘言)이다. 그날 이후, 이 석증도 생기고 아프기도 했지만 '사람 공부'를 하는 계기가 되었다.

강냉이 선생님 부고 소식

포항 수업을 마치고 돌아오는 길, 장사해수욕장에 들렀다. 잠시나마 쉼표를 찍어야 했다. 강의가 좋은 건 일터가 휴식처가 되기도 한다는 점이다. 바다에 섰다. 밀물과 썰물 사이를 바라보며 떠올렸다. 그리운 강냉이 선생님(선생님의 애칭이다). '아등바등', '열심열심' 강냉이 선생님을 생각하면 자동으로 이 단어들이 뒤따라왔다.

강냉이 선생님 부고를 받고 너무 놀랐다. 나에겐 마음 추스르기가 필요했다. 파도 소리를 들으며, 그녀와의 인연을 떠올렸다. 우리의 첫 인연은 소개였다. 연결해 주신 신문 기자님께서는 이런 말을 덧붙이셨다. "참 열심히 하고 똑 부러지는 성격이니 함께하시면 좋은 파트너십이 기대됩니다." 딱 맞는 말이었다.

160cm의 적당한 키에 적당한 체격, 머리는 단발머리 정도에서 살짝 길다가 짧아지던 기장, 허스키한 목소리, 정장이면 정장의 단

정함, 캐주얼이면 캐주얼의 발랄함을 소화했다. 큰 눈에 검은 눈동자, 눈빛이 반짝거렸다. 내 동생이랑 같은 나이에 아들 한 명을 키우고 있고 남편도 대기업을 다니고 있다고 들었다.

소속 감투는 드리되 일에 있어서는 프리랜서로 활동하는 운영 방식인 아나드림가치연구소. 강냉이 선생님은 아나드림가치연구소 가족이 되어 교육부장을 맡으셨다. 어떤 과제도 척척이셨고, 어떤 강의도 마다함 없이 잘 해냈으며 또 잘했다. 그렇기에 선생님들 서열에서 내부 진통이 있기도 했다. 선생님은 우리에게도 섭외 0순위였고 다른 기관에서도 그러했다. 통화하기 늘 힘들었고 카톡, 문자 답장도 받기 힘들었다.

어느 날부터인가 개인 사업자도 내고 예산도 받으시며 활동하시기에 사업체 운영에 전념한다고 생각했다. 연락이 두절되었지만, '그러려니' 하게 되었다. 내려놓기 명상을 꾸준히 해 온 덕분이었다. 그러다 받은 부고장이라 믿을 수가 없었다. 몇 번이고 몇 번이고 다시 보고 다시 봤다. 강냉이 선생님 이름 석 자가 맞았다. 온몸이 떨렸다. 모르는 번호의 부고장이다 보니 요즈음 보이스 피싱 범죄를 의심하기도 했다. 전에도 한번 이런 유사한 문자 사건으로 절대 클릭하지 말라는 알림을 받았기에 이번에도 난 그렇게 받아들였다. '사람들 진짜 너무 잔인한 범죄를 저지르네.' 한동안 넋 놓고 멍하니 떨고만 있다가 지인 교수님께 문자가 들어왔다. 방금 받은 똑같은 부고장을 보내 주시면서 함께 문상 가는 일정에 회신을 바라셨다. '정말이란 말인가? 올해 겨우 46살, 애지중지 외동아들 어이 두고 그 검은 큰 눈을 감고 있단 말인가!'

　믿어지지가 않아서 교수님께 전화를 드렸다. 췌장암 말기인 것을 알았을 때는 이미 늦은 때였고, 판정을 받고 두 달 사이 사망 소식이 온 거라고 하셨다. 그렇게 바쁘더니, 그렇게나 아등바등하시더니, 외동아들 바라기도 하루가 모자라더니…. 아! 지금도 핸드폰에 ㄱ 자음을 치면 강냉이 선생님 이름이 제일 먼저 나오는데…. 허무함이 몰려왔다. 한 사람의 생이 사라진다는 것. 마침표가 찍힌다는 것. 아픔도 따라왔다.

　나는 바다가 좋다. 힘들 때는 파도에 보내려고 찾는 바다. 기쁠 때는 파도의 환호를 받으려고 찾는 바다. 바다가 아름다운 건 파도가 있기 때문이라고 했다. 사람들에게는 저마다의 그런 공간이 있어야 한다고 생각한다. 아지트, 힐링 공간 같은 곳. 내게는 바다가 그렇다. 파도에 강냉이 선생님을 보내려고 향했다. 모래사장에 선생님 이름 석 자 적고 파도에 같이 보내고, 추억 돌탑도 쌓아서 파도에 무너뜨려 보냈다.

　종종 강의 교안에 '인생은 짧다! 태어나서 죽음까지 눈 깜짝할 사이'라는 영상을 함께 보면서 무릎을 딱 치곤 했다. '사람사람사람

사람' 빨리 읽다 보면 '삶'이라고 발음을 새며 읽게 된다. 삶. 살아온 세월을 생각해 보면 모든 것은 '관계'다. 사람 간의 관계와 인연. 오늘은 그런 날이었다. 나와 함께했던 시절 인연들 그리고 지금도 곁에 있는 인연들을 생각해 보는 날. 하늘을 올려다본다. 바람을 느껴 본다. 들꽃에게 웃어 준다. 나를 들여다본다. 바다가 나에게 위안을 건넸다.

셀프 탄핵

질문 하나. 2017년 당신에게는 어떤 일이 일어났나요?
질문 둘. 2017년 박근혜 대통령 탄핵 사건을 알고 있나요?

아마 대부분, 첫 번째 질문에는 갸우뚱해도(시간이 흘렀기에 망각해서) 두 번째 질문에는 고개를 끄덕일 것이다. 그만큼 국가적으로 큰 사건이었다. 당시 박근혜 전 대통령은 최태민 목사의 딸 최서원(개명 전 최순실) 씨가 비선 실세로 활동한 것이 드러나 탄핵됐다. 헌법 제65조1항에 따라서. 그날은 2017년 3월 10일이었다.

하지만 나는 첫 번째와 두 번째 질문 모두 대답할 수 있다. 첫 번째 질문의 답은 '개인적인 탄핵이 일어난 해'라고 할 수 있겠다. 사실 정확한 단어와 문장은 '면직', '사표를 내고 물러나다'일 수도 있겠지만, '탄핵'이라는 단어가 걸맞은 것 같다.

2017년 나는 아나드림 협동조합 사회적 기업 대표였다. '안아 주고 나누어 주어 꿈을 이룬다.'라는 뜻을 담았다. '사회적 기업'은 일반 기업과 다른 점이 있다. 바로 '가치'다. 단순히 돈을 버는 영리 목적을 넘어서서 지역 사회에 공헌을 한다. 경제 취약 계층에게 사회 서비스 또는 일자리를 제공하는 식으로 말이다. 지금이야 많이 알려졌지만, 내가 처음 공부하고 시작할 때만 해도 생소한 시기였다.

아나드림 협동조합 법인, 4명의 이사. 나는 대표였다. 우선 돈을 벌어야 했기에 수익성을 기대했다. 자격증 과정을 진행해서 강사 양성을 하고, 그렇게 자격증을 취득한 예비 강사의 역량을 강화(매주 화요일 스터디 진행)하고, 파견해 일자리 창출을 기여하는 게 우리 기업의 목표였다. 정말 열심히 했다. 홍보는 물론이고 콘텐츠나 공모가 있으면 제안서를 제출해 진행했다. 자유학기제 시범 학교 프로그램으로 우수한 성적도 올리고 이름도 알렸다.

그러다 문화 공연을 하게 됐다. 소속 강사님 한 분의 정보에서 시작하여 모든 능력을 동원했다. 그 결과 예산을 받는 쾌거를 이루게 되었다. 과정은 참 좋았다. 분위기는 물론이고 단합도 잘되었다. 강사님들의 스터디 참여도 100% 올 출석이었다. 연습 비용, 공연 참가 비용, 간식 비용 모두 지급되었다. 그렇게 1년 동안 아나드림 협동조합 힐링 공연단 30여 명은 가치를 실현했다. 일의 가치를 느끼는 사람은 알 것이다. 단순히 돈을 버는 일을 넘어서 가치가 충족될

때의 보람을 말이다. 인정도 받았다. 시장님, 의원님, 기관 담당자님도 한 분 한 분 알아봐 주시는 건 물론이고 사회적 기업 육성가에서 우수상도 시상했다. 일취월장이었다.

그해 연말에 나는 세금 영수증을 받게 되었다. 750만 원. 이 세금 영수증은 법인으로 온 4,500만 원에 대한 세금이었다. 나는 대표이긴 했지만, 돈에 있어서는 다른 분에게 맡겼다. 왜냐하면 수업과 홍보만 했던 터라 예산·정산 분야를 능숙하게 할 자신이 없었다. 내가 맡긴 분에게는 감투를 드렸다. 신분 보호를 위해 K 선생님이라고 칭하겠다. K 선생님은 예산을 운용한 경험이 있어서 제격이겠다 싶어 사업비 통장과 도장을 그분께 드렸다. 세금 영수증에 대해 논의하기 위해 전화를 드렸다.

"선생님, 잘 계시죠? 다름이 아니라 작년 진행한 문화공연사업으로 세금이 나왔네요." 내가 말을 다 하기도 전에 전화기 너머로 거친 말이 쏟아졌다. 내가 알고 있던 K 선생님이 맞나 싶을 정도였다.

"그런데요?"
"선생님께서 통장 관리를 하셨으니 이 세금을….'
"대표님, 아나드림 협동조합이 제 거예요? 대표님 거잖아요!"
말문이 막혔다. 하필 통화할 당시 가족이 모두 모여 있었다. 남편은 물론 내 동생도 있었다. 눈치를 챈 남편은 눈짓과 몸짓으로 끊으라고 제스처를 보냈다(나중에 물어보니 내가 더 상처받을까 봐 끊으라고 했단다).

　얼음이 된 나는 멍한 표정으로 "네……." 하고 전화를 끊었다. 들릴 듯 말 듯 하게. 나는 작아졌다.

　사실 이 예산 금액에서 나에게 들어온 돈은 50만 원이 전부였다. 그날 밤을 꼬박 샜다. 그다음 날도. 한참 동안을 하얗게 밤을 지새웠다. 결론, 나는 나 스스로에게 탄핵을 내렸다. '알아야 면장(面長)을 하지.' 어떤 일이라도 그 일을 하려면 그것에 관련된 학식이나 실력을 갖추고 있어야 한다는 배움을 얻었다. 750만 원의 수업료로 깨달은 것이다(사실 나는 10만 원 지출도 며칠 고민하면서 쓰는 편이고 신용카드가 있으면 행여 모르는 소비성이 생길까 봐 지금까지도 없이 생활하고 있다. 그래서 더더욱 나에겐 고급 수업료 이상의 경험이었다).

　'소화(消化)하다.' 일반적으로 섭취한 음식물을 분해해 영양분을 흡수하기 쉬운 형태로 변화시킨다는 뜻으로 쓰인다. 그리고 하나 더. 배운 지식이나 기술 따위를 익혀 자기 것으로 만들고, 주어진 일을 해결하거나 처리한다는 비유적인 의미도 있다. 나는 이 '후자'의 자세가 부족했다. 그저 돈은 내 분야가 아니라고만 생각했다. 나라 전체를 흥(興)으로, 혹은 망(亡)으로 이끌 수 있는 수장. 2017년 그해는 대통령도 물러났고, 나도 대표직에서 물러났다. 아프고 아팠다. 난 지금도 나에 대한 자기 성찰을 하는 중이다.

눈물의 유부초밥

새벽 5시, 알람이 울렸다. 보통 때 같으면 나의 루틴은 이러하다. 팔팔 끓인 뜨거운 물 반과 미지근한 물 반을 섞은 중탕 물을 마신다. 다음으로는 주섬주섬 운동복을 입고 나간다. 걷기 명상을 하기 위해서다. 걷기 명상의 포인트는 '걷기' 그 행위에 집중한다는 것이다. 수년째 명상을 해 오고 있는데, 다음에 글로 써 보려고 한다.

오늘은 알람을 30분 일찍 설정해 뒀다. 사랑이 듬뿍 담긴 도시락을 싸기 위해서다. 공군 군 복무 중인 아들이 상병 진급 후 휴가를 나와서 가족 나들이를 가기로 했다. 아들이 20살이 넘으니 함께 무언가를 한다는 것도 귀한 일정이 되었다. 초등학교 때만 해도 연년생인 아들 둘과 함께 많이 돌아다녔다. 날씨가 좋으면 그날은 학교를 빠지고 놀러 다녔다. 산으로, 강으로, 들로, 공원으로. 모두 아름다운 추억이 되었다.

도시락을 준비하는 시간 내내 콧노래가 나왔다. 재료 준비, 손질, 모든 순간순간 정성을 담았다. 요즘 핫한 프로그램「흑백요리사」에서 최현석 셰프는 이런 말을 남겼다. "셰프 위에 있는 것은 재료다." 글 쓰는 강사 황도경은 오늘 글에서 이런 말을 남긴다. "음식 위에 있는 것은 사람이다." 내 음식을 먹는 '사람'은 다름 아닌 '가족'이니, 더할 나위 없이 맞는 말이다.

사과, 감, 포도 과일 준비 끝. 음료, 물, 커피 준비 끝. 물티슈, 젓가락, 이쁜 하트 꽂이 준비 끝. 피크닉 사진 잘 나오게 하는 야외용 빨간 돗자리랑 라탄 바구니까지 챙기면 준비 끝이다.

이제 오늘의 화룡점정, 김밥과 유부초밥 말기다. 김밥은 멸치김밥 2줄과 명이나물김밥 2줄을 쌌다. 이제 유부초밥 차례. 나는 29살 때 서울대학병원 소아과 병동에서 유부초밥을 처음 먹어 봤다. 둘째 아들이 병원에 입원해 있을 때였다. 서울에 사는 막내 외숙모께서 방문하셨다. 제대로 먹지도 못하고 잠도 못 자던 나에게 건넨 건, 다름 아닌 유부초밥이었다.

"엄마가 건강해야지. 기운 내자. 좋은 소식 있을 거야…."
내 생애 처음 먹어 본 유부초밥. 겨우겨우 두 개를 넘겼다. 외숙모의 마음이 감사해 울컥하기도 했다. 한 번씩 이렇게 별식으로 준비할 때면, 그때 그 기억의 한 페이지가 떠오른다.

도시락을 먹으면서 도란도란 이야기를 나눴다. 혼자가 아닌 가족이 모여 더 따뜻한 시간이다. 새콤달콤한 유부초밥은 새콤달콤한 감정을 소환한다.

"엄마에게 유부초밥은 눈물의 유부초밥이야. 지금은 감사의 유부초밥이지. 아무것도 넘기지 못했던 그때, 어둠의 서울대학교병원 생활에서 희망의 불빛의 의미까지 담겨 있지. 왜냐하면 기운을 내야 해서 먹은 유일한 밥이었으니까."

"도시락 싸 오길 참 잘한 거 같아요. 멸치김밥과 유부초밥은 신의 한 수입니다." 아들이 한마디 한다.

요즘 TV 채널을 돌리다 보면, 경쟁이라도 하듯 먹방이 여기저기서 나온다. 최고의 셰프가 나오는 프로그램이 있는가 하면 의외의 연예인이 선보이는 솜씨 자랑 프로그램도 있다. 왜 인기가 있고, 시청률이 좋은 걸까? 생각해 보았다. 아마도 우리는 음식으로 치유되고, 음식으로 행복하기 때문이 아닐까? 정성 들인 음식 하나에는 따뜻한 영혼이 담겨 있다.

친정 엄마는 식당을 수년째 운영하고 있으시다. 평생을 주방 앞에서 살았음에도 '일'뿐 아니라 당신의 '생활'에 있어서도 음식과 함께하신다. 딸 둘 반찬에 이어 이제는 대학교 생활하는 손주 반찬까지 택배로 보내 주신다. 제철 재료로 만든 밑반찬, 국…. 정말 맛있다. 엄마는 최고의 조미료를 듬뿍듬뿍 사용하신다. 그건 바로 '사랑'이다.

'요리하다'를 사전에 검색해 본다. '여러 조리 과정을 거쳐 음식을 만들다.'(표준국어대사전)로 해석된다. "내가 직접 요리를 한다." 나의 마음 사전에 검색을 해 본다. 첫 번째는 '관심'이다. 매운 것을 좋아하는지, 이 재료를 먹을 수 있는지…. 함께 먹을 상대방의 취향에 대해 떠올리면서 시작한다.

두 번째는 '표현'이다. '국을 끓일까, 조림을 할까, 무침을 할까, 볶을까, 지질까, 튀길까…. 어떤 접시에, 어떤 그릇에, 때로는 어떤 도시락에 담을까?' 준비 과정의 전반, A부터 Z까지 모든 과정이 설렘이고 두근거림인 것이다. 세 번째는 '행복'이다. 손끝과 혀끝, 맘끝으로 엄마의 사랑이 잘 녹여 든다. 음식을 먹는 그 순간 함께 이야기를 나누고 웃을 수 있어서 행복하다. 가족과 함께하는 그 시간만큼은 살아 있다는 것이고, 기적이다. 눈물의 유부초밥, 그 시절을 회상하며 하나씩 글을 써 본다.

"음식에 대한 사랑처럼 진실된 사랑은 없다."
- George Bernard Shaw

황도경의 글쓰기 산책 한 걸음

책을 읽고 계신 행복이님들~ 혹시 꼬르륵 배가 고파지지는 않았나요? 의·식·주가 필요한 인간의 삶에, '식'은 빼놓을 수 없지요! 틈새를 활용해 한번 짧은 글쓰기를 해 볼까요? 질문에 맞춰 생각나는 것들을 적어 보세요.

1) 기억에 남은 추억이 깃든 음식이 있을까요?
   (3초만 떠올려 보는 시간을 가져 봅니다.)
2) 지금 떠오른 그 음식의 이름은 무엇인가요?
3) 음식이 주는 추억을 적어 볼까요?
4) 지금 행복이님들의 감정은 어떠한가요?

마지막으로, 행복이님들의 평소 '한 끼 풍경'이 궁금합니다. (사진으로 찍어서 남겨 두세요!)

저는 저에게 주는 상차림을 예쁘게 해 준답니다. 제철 꽃을 꽃병에 꽂아 주고, 예쁜 그릇에 음식을 담고, 빨강, 노랑, 초록, 주황 형형색색 채소로 데코레이션한답니다.

그러면 눈으로도 맛있고, 맛으로도 맛있고, 기분으로도 맛있답니다!

지나간 나 안아주기
지금의 나 안아주기
다가올 나 안아주기

여드름투성이 피부 관리사

 섬세하고 부드럽게 부드럽게 롤링한다. 둥글린다. 안쪽에서 바깥쪽으로 원을 그린다. 검지와 중지를 이용해 바깥에서 안쪽으로 교차해 에스(S) 자를 그린다. 딱딱하게 뭉친 근육은 피부와 몸매의 밸런스를 망치는 주범이 된다. 이럴 때에는 나의 손이 도움이 된다. 수기 테크닉은 림프 순환을 촉진시킨다. 한 시간 남짓, 시간이 지나면 목선이 매끄러워진다. 안색이 환해진다. 노폐물과 부기가 빠진 자신의 모습을 보는 손님의 엄지 척 한 방. 손님과 나 사이에 미소가 번진다. 관리가 끝난 후에는 티타임이 이어진다. 기분 좋은 노곤함을 지닌 손님은 자꾸만 거울을 바라본다.

 피부 관리실 안의 풍경을 적어 보았다. 꼬박 10년을 운영했다. 나만의 피부 관리실. 앞선 글에서 언급했듯, 나는 2005년에 경북도립대학교 뷰티디자인과에 입학을 했다. 졸업 후, 공부를 묵혀 두지 않았다. 짝꿍 언니 숍에서 일을 배우고 독립했다.

만학도 신입생. 아들들이 5살, 6살일 때 연년생 육아와 병행한 입원 생활. 지금 생각하면 그 환경 속에서 감히 도전을 한 내가 신기하다. 친정 엄마가 등 떠밀다시피 해서 들어갔지만, 세상 밖으로 나오는 계기가 되었다. 짝꿍 언니인 미희 언니를 비롯해 함께했던 학인 모두 감사한 인연이다. 모든 건 타이밍이다란 생각을 한다. 그것도 절묘한 타이밍 말이다. 그러고 보니 모든 상황에 나에게 기적의 순간과 선택이 있었다.

입학 전의 나를 떠올려 본다. 퉁퉁한 몸매, 여드름 덕지덕지, 발가락까지 내려온 다크서클(그래도 아주 다행인 건 옷으로 몸을 잘 커버했다는 것이다). 졸업 후의 나는? 인생 멘토 언니인 미희 언니에게 노하우를 전수받았다. 반짝이는 피부, '솔' 톤의 밝은 목소리, 연예인급 패션 스타일. 언니가 오픈한 피부 관리실에서 운영 노하우를 배운 나는 실전에 돌입했다.

우리 집 안에 피부 관리실을 오픈한 것이다. 어린 아이들을 키우는 엄마에게 최적의 일터는 바로 집이다. 언제든 비상 상황에 대기할 수 있다. 게다가 나는 둘째가 아팠으니, 더욱 맞춤 일터였다.

홈 케어 피부 관리실. 안방을 과감히 꾸몄다. 베드 두 개를 넣고 공주풍이 나는 에스테틱으로 탈바꿈했다. 현관을 열고 들어섰을 때 보이는 거실. 상담이 이루어지는 중요한 자리인 만큼 소파와 테이블에 투자를 했다. 내가 자신 있게 내세울 수 있는 건, 바로 '수기 마사지'와 '제품 퀄리티'이다. 천연 화장품으로 관리부터 제품 구매까지 고객 마음을 끄집어내기로 했다.

그리고 해냈다. 따뜻한 차와 아로마 향의 편안함으로 상담을 진행했다. 어설프지만 언니를 모방하면서. "당신은 소중합니다. 소중한 당신을 위한 관리 라인이 기다리고 있습니다." 짝꿍 언니는 우리 집 대출을 갚아 갈 수 있는 아주 큰 능력을 내게 준 것이다.

더 신기한 건, 아들의 간호사 선생님들이 고객이 되었던 것이다. 사연은 이렇다. 내가 뷰티디자인과를 다닐 때 아이 입원이 허다했다. 온 식구가 교대하면서 보호자 역할을 자처했다. 그럴 때마다 간호사 선생님들은 "엄마는 학교 다녀오고 오늘은 이모랑 잘 놀더라고요."라고 해 주셨다. 나중에 이분들이 우수 고객이 되어 주셔서 홍보에 도움이 되었다.

"어머니, 정말 대단하셔요. 여기 분위기도 고급지고 제품도 정말 좋은 것 사용하셔서 신뢰가 가요. 어머니 피부가 확 달라진 걸 봤으니 말예요." 초췌했던 내가 달라지는 과정을 직접 봤던 터라, 점점 기합하는 게 느껴졌다. 지금 돌이켜 봐도 감사한 일이다. 감사하다.

그렇게 자신감이 오른 나는 남편에게 건의를 했다. "신축 아파트 분양받자. 63평·50평·40평·30평대가 있는…." 남편은 당황해

했다. 그 시절의 아파트도 대출이었으니 말이다. 어떻게 되었을까? 이사를 갔다.

실행력 하나로 감행했다. 3칸짜리 방이 있는 아파트로. 방 하나를 피부 관리실로 인테리어했다. 아파트는 입주하기 전, '보여 주는 집'으로 인테리어 비용을 대폭 절감했다. 인테리어는 자연 친화적으로 시도했다. 왜? 휴식 공간이고 싶었으니까.

피부 관리실의 콘셉트는 '자연에서 숨 쉬듯 나 자신에게 휴식을 주자'였다. 사업 전략은 기존엔 1/3이 간호사, 학모 등 소개 위주였고 나머지는 아파트 주민이었다.

나의 전략은 대단지 아파트에서 경쟁력이 있는 고객을 확보하자는 것이었다. 여기에 더해 훗날 피트니스센터에서 요가 수업을 제안할 예정이었다. 그때는 요가 지도자 과정 실습 중이었다. 전략은 통했다. 고객층을 넓게 확보했다. 한의사 사모님, 검사 사모님, 치과 사모님, 국어 선생님, 수학 선생님, 작가, 전업 주부 등 다양했다.

관리를 마친 후 티타임이 있었는데, 이를 위해 나는 책을 읽었다. 경제, 시사, 육아 등 대화의 흐름을 그들과 결을 맞추기 위해 공부했다. 짝꿍 언니의 백화점 VVIP 혜택 덕분에 명품 신상, 브랜드에 대한 간접 경험도 했다.

어느 날은 고객님 등 관리를 하면서 "이 바디 향, 시슬리 향이네요. 싱그러우면서도 은은해서 좋죠?"라고 했더니, "와~ 맞아요. 전 시슬리 바디 제품 향이 좋더라고요." 하시면서 한 뼘 더 다가왔다. 지금도 백화점 쇼핑보다는 아울렛 쇼핑을 하는 나지만, 나만의 고객 관리 노하우를 이런 식으로 쌓아 갔다. 차곡차곡.

글을 쓰다 보니, 손님들이 머릿속에 스쳐 지나간다. 여드름으로 고민하던 여고생. 엄마 소개로 왔다며 들어왔다. 나는 관리보다도 이 학생이 떠안고 있던 고민들을 많이 들어 주었다. 사실 잘 먹고 잘 자고 스트레스 없는 것이 최고의 피부 관리다.

이 학생이 올 때면, 아들 둘과 김밥을 싸서 가까운 곳으로 소풍을 가기도 했었다. 최근 큰아들에게 글을 쓰다 보니 그 학생이 떠오른다고 했더니, "아, 그 누나 생각나요. 우리랑 게임하고, 소풍도 가고, 우리 집에서 요리도 같이 해 먹었었죠." 했더랬다. 여고생 어머님은 아이가 피부도 좋아지고 덩달아 밝아졌다고 하시면서, 마음의 뜻으로 선물과 함께 인사를 하기도 하셨다.

그렇게 꼬박 10년을 운영했다. 피부 관리사 일은 생각보다 고됐다. 쉽지 않았다. 세상일이 모두 그러하듯. 종종 비가 오거나 찬 바람이 불 때면, 관절 통증이 느껴지기도 했다. 하지만 나는 얻은 것이 더 많다. 타인의 이야기를 들어 주면서 '듣기'가 나의 강점이 되었다. 피부 관리 스킬 이상으로 마음의 출구가 되어 줬다고 생각한다. 만학도로 입학해 공부를 한 나, 에스테틱 사업을 한 나. 나의 실천 조각들이 모여 지금의 내가 되었다.

"와우~ 강사님 피부에서 광이나요!"
"피부 진짜 좋네요."
"부럽다, 피부. 이제는 이쁘다는 말보다 피부 미인이란 칭찬이 좋던데!"

강의장에 들어섰을 때, 청강하는 분들의 반응 중 하나가 피부 언급이다. 피부가 좋다는 말은 단연히 기분 좋다. 반전, 과거의 나? 여드름투성이! 이제는 이 글을 읽는 청강생분들이 믿겠구나 싶다.

89kg 요가 강사

시기: 2009년 11월 13일

내용: 대한요가원협회 요가 지도자 자격증 취득

우리의 젊은 주인공: 5, 6살 연년생 아들들을 키우는 만학도 아줌마(뷰티디자인과 전공)

뷰티디자인과를 다니던 나는 바쁜 와중에 요가 지도자 자격증을 취득했다. 그리고 현재까지도 '요가 강사'로 활동하고 있다. 요즘 말로 하면 'N잡러'다. 사실 나는 아주 오래전부터 N잡러의 길을 개척했다. 이게 어찌된 일인가? 모든 것은 연결되어 있다. 그리고 '우연'이라는 단어가 선사하는 힘은 생각보다 크다.

그즈음 나는 우연히 요가 수업을 받게 되었다. 뷰티디자인과 교수님께서 이론과 실습도 중요하지만, 실전도 중요하다고 하셔서 나는 피부 관리실에 여드름 관리를 받으러 갔다. 관리 도중, 옆 베드 손님께서 하는 말이 귓전에 맴돌았다. 그 손님은 요가 원장님이 셨던 것이다.

"여드름 관리에는 요가가 도움이 되어요. 순환이 잘되어야 피부도 좋아져요. 1일 체험도 되니까 언제 한번 오세요." 나는 그녀의 차분하고 단아한 목소리에 설득되어 요가원을 찾았다. 어린 두 아들을 데리고 가는 것을 허락해 주셨다. 아들 둘은 원장님의 내실 공간에서 챙겨 온 파워레인저와 자동차 장난감을 갖고 잘 놀았다. 난생 처음 해 보는 요가였다. 나를 위한 1시간. 잘할 리가 없었다. 동작이 마음처럼 잘되지 않아서 괴롭기도 했지만, 모순적이게도 좋았다. 내 몸 구석구석과 대화를 시도하는 느낌을 놓치고 싶지 않았다. 마지막 사바사나 명상 시간. 소등 후 은은한 불빛이 온몸을 따스하게 감싸 주는 듯했다. 원장님의 나지막한 목소리가 내 영혼을 울리는 듯했다.

"숨 들이마시고 내쉬면서 살아 있음에 감사합니다. 숨 들이마시고 내쉬면서 숨 쉬는 것에 감사합니다. 숨 들이마시고 내쉬면서 지금 여기 있음에 감사합니다." 눈물이 흘렀다. 나를 위한 온전한 시간이 얼마만인가 싶었고, 나를 사랑하는 길은 '요가'에 있다는 확신이 들었다. 내 인생 루틴으로 요가를 선택했다. 몸의 건강과 마음의 평화, 삶의 행복을 구현하는 것. 이 선택이 지금까지의 나를 요가 강사의 삶으로 걸어오게 한 것이다. 나는 이런저런 핑계로 일시 정지 하는 일이 없도록, 강사가 되고 싶었다. 숨 쉬듯 지속하는 일은 때로 강제가 필요하다. 원장님께 말했다. 돌아오는 답은 나를 시무룩하게 했다.

그 이유는 ▶우선 체형적인 문제가 있다는 점(당시 나는 89kg 정도의 몸이었다), ▶요가 회원 중 내가 두 번째로 뻣뻣하다는 점, ▶이론과 실기 수업을 병행해야 해서 시간 투자가 필요하다는 점 등으로 요약할 수 있었다.

나는 이유를 잘 들여다봤다. 그리고 이런 나를 제자로 받아들여 줄 원장님을 찾아다녔다. 결국에는 만나게 되었다. 희망은 어디에도 있는 법이다. 3개월 과정 대신 6개월로 밟으면서, 찬찬히 해 보기로 했다. 나 역시 나를 알기에 시간을 길게 잡는 전략법을 제안했다.

그렇게 감격의 순간이 찾아온 것이다. 나는 대한요가원협회 본원에 가서 한 번에 합격했다. 2009년 11월 13일, 대한요가원협회 요가 지도자 자격증을 취득했다. 자격증 잉크가 마르기도 전에 나는 또 도전했다. 요가 수업하기! 그러니까 시기적으로 피부 관리와 요가 수업을 동시에 운영한 셈이다.

화장실 문고리 빼고 대출 만땅으로 마련한 신축 아파트. 이곳에서 나는 반장을 맡게 됐다. 영향력이 있는 주민이 되어야 뭐라도 할 수 있을 것 같았다. 그러곤 아파트 관리 사무소에 찾아가 소장님께 제안을 했다. 피트니스센터에 요가반을 운영해 보겠다고 말이다. 내가 102동 반장이기에 소장님이 거절을 못 하실 거란 확신이 있었다. 예상 적중. "요가반 생기면 환영이죠." 곧장 회원 모집 인쇄물을 셀프 제작하여 아파트 동마다 게시판에 붙였다.

○○ 요가 회원 모집

한 달 무료 수강

시간 AM 6:30/10:30/ PM 7:00/8:30

도경요가 효과

- 바른 자세

- 마음의 안정

- 다이어트 효과

- 아름다운 라인

- 혈액 순환 & 맑은 피부

- 통증 경감 & 몸의 가벼움

- 근력 향상 & 탄탄한 몸

- 행복 지수 상승

"요가는 행복입니다."

모집 안내를 한 뒤 나는 그날부터 뒷산에 직행했다. 요가의 장점은 요가 매트를 깔 공간만 있으면 된다는 것이다. 나는 '나무'를 회원이라 생각하고 수업 연습에 매진했다. 집에 와서는 '아들 둘'을 회원이라 여기고 다시 반복했다.

어떻게 되었을까. 선착순 모집을 할 정도로 반응이 좋았다. 그렇게 나는 지금도 요가 강사를 계속하고 있다.

사바사나 명상
숨 들이마시고 내쉬면서 살아 있음에 감사합니다.
숨 들이마시고 내쉬면서 숨 쉬는 것에 감사합니다.
숨 들이마시고 내쉬면서 지금 여기 있음에 감사합니다.

요가의 장점은 정말 많다. 누군가 '요가를, 명상을 왜 하는가?'라고 묻는다면 "하나뿐인 내 삶을 위해서요!"라고 대답하고 싶다. 오프라 윈프리, 스티브 잡스, 빌 게이츠, 앨 고어 이 사람들의 공통점은 명상을 한다는 것이다. 미국, 유럽 등 서구 사회의 많은 사람들이 명상을 한다. 명상은 왜 하는가? 몸과 마음을 건강하게 하고, 삶을 더욱 충만하게 한다. 더 나아가 깊은 평화와 자유, 기쁨, 에너지가 충만한 자신의 내면을 온전히 체험하는 것이다. '나는 누구인가?' '삶의 진정한 의미는 무엇인가?'에 대한 답을 찾는 것이다. 사람은 내면의 중심을 찾을 때 삶의 진정한 의미와 행복을 찾을 수 있다. 이유 없는 불안함과 허무감, 우울감에서 벗어날 수 있다.

그렇다면, 이제 셀프 실행력, 비법을 공개해야 할 때다!

▶**89kg 체중 감소의 팁**: 새벽 5시 30분에 일어나 한 시간 반 학교 운동장 걷기를 한다. 식단은 양배추와 닭가슴살샐러드 위주로. 드레싱은 사과를 채 썰었다. 막창과 곱창은 닭발과 족발로 대체했다. 1년 만에 56kg까지 감량했다. 88사이즈에서 66사이즈로 변신했다. 단골 옷가게 언니가 놀라던 모습이 여전히 눈에 선하다.

▶**요가 수련 팁**: 혈액 정화를 위해 육류 섭취를 줄이고 꾸준히 요가 수련·명상을 병행했다.

전굴 자세와 후굴 자세에서 확실히 가볍게 유연해진 몸을 알아차렸다. 이론 수업 책은 '책 읽기'라 생각하고 정독했으며, 실기 수업은 모두가 나의 회원(산, 나무, 꽃, 다람쥐, 고양이, 개, 호랑이, 사자, 뱀)이라 생각하고 일상을 보냈다. 이름하여 공부 놀이.

24시간 요기니(요가하는 여자)

성형외과의 '비포 앤 애프터 사진'을 보면 성형 전후가 명확하게 다르다. 이미 익숙한 광고지만, 순간순간 놀랄 때가 있다. '이렇게 달라진다고?' 나 역시 요가를 만나기 전후가 다르다. 요가 현장에서는 모두가 간증을 털어놓는다. 요가를 하며 '느꼈던 것들'을 고백한다. 회원들은 매 순간의 느낌, 달라진 몸과 마음, 아픔에 노출되었던 기억과 무기력, 우울에 휩싸였었던 과거의 자신을 털어놓는다. 모두가 다른 사연이지만, 공감하는 순간만큼은 하나가 된다. 강사인 나 역시 보람차다. 내가 느꼈던 행복을 함께 누린다는 건 큰 행복이다. 나는 안다. 일상에 감사가 깃들면, 비로소 자기 삶의 주인공이 된다는 걸.

비포 앤 애프터. 이 글에는 나를 비롯해 요가를 만난 사람들의 이야기를 써 보고 싶다. 우선 나부터.

비포 ▶산후조리를 잘못해서 모든 혈이 막혀 있었다. 손발이 차고, 소화 능력이 약해서 걸핏하면 체하고 한의원에 갔다. 안동 옥동 2층에 위치한 ○○당 한의원 원장님은 익숙한 듯 문진했다. "오늘은 김밥일까요? 고구마일까요?"라고 물을 정도로 말이다. 지금은 확실히 순환이 매끄러워졌다.

애프터 ▶요가 강사가 된 나는 아침 5시 30분에 일어나 뜨거운 물 반, 차가운 물 반을 마시면서 하루를 시작한다. 몸속 잔여 노폐물을 씻어 내는 느낌이 든다. 명상을 통해 훈련이 된 차분함도 도움이 되었다.

비포 ▶한 대학생이 생각난다. 수련 시간 30분이 지났을까. 바닥을 기어가더니, 화장실에서 토를 하고, 급기야 쓰러지기까지 했다. 집에서 가장 역할을 했던 이 친구는 아르바이트로 집안 생계를 책임져 왔다. 자신을 위한 요가 시간을 갖던 그날, 몸이 놀라서 1차 반응을 했던 것이다.

나는 '제발 3개월만 다녀 보자'고 부탁했다. 과거의 나를 보는 듯했다.

애프터 ▶중문학과 전공인 학생은 공항에 취직하는 그날까지 요가를 잘 다녔고 친구에게도 소개를 해 줬다. 자신을 돌아보고 사랑하는 시간을 보내면서 몸·숨·맘의 흐름이 순조로워졌다.

어느 날에는 세 번의 허리 디스크 수술을 하셨다는 경찰 아저씨가 회원으로 등록했다. 별다른 차도가 없자, 담당 의사 선생님께서 마지막 방법으로 요가를 추천하셨다는 것이었다. 한 달 정도 하셨을까. 여성 회원분이 많은지라 티타임을 안 하던 분이신데 그날은 차담 시간에 참석하셨다. "제가 낙동강 변을 달릴 수 있게 되었습니다. 원장님 덕분입니다. 저녁에 오는 누구와 누구가 제 아내와 아들입니다." 회원들의 박수가 이어졌다. 애프터 고백의 시간이 자연스럽게 마련되었다. "불임으로 시험관을 8번 했었는데 요가 이후 자연 임신을 했어요.", "불면증이 사라졌어요.", "저는 어깨 통증이 없어졌어요.", "변비에도 효과 있던데요.", "명상 멘트 덕분에 갱년기 우울증이 사라졌어요. 선생님 명상 멘트 녹음해서 듣고 싶어요."

  가슴이 뭉클해진다. 이제 나는 내 고향, 예천 개포면에서도 수업을 한다. 15명 정원으로 시작한 개포행복열린센터 요가 명상 교실은 지금 회원이 40명을 꽉 채운다. 누구누구의 딸에서 '황 선생'으로 호칭이 바뀌었다. 담당자는 안절부절못하며 내게 물었다. "선생님, 회원이 많아서 힘드시죠?" 아니다. 많으면 자리를 좁혀서 그에 맞게 수련하면 된다. 이웃분 손잡고 오는 분들이 더 감사하다. 이들도 애프터를 말하기 시작했다. 어깨, 허리 다 좋아졌다고. 잠도 잘 온다고. 누군가에게 내 요가가 선물이 되었다는 것이 감사하다. 근육들이 굳어서 가능했던 동작이 없던 어르신들은 오롯이 호흡에 집중하는 경험을 통해 달라졌다. 호흡을 달래고, 몸의 긴장을 털어내면서 변화하고 있다.

지금은 요가 교실 발표회를 준비하는 시기이다. 회원이 많아서 20분이나 부여받았다. 그래서 회원분들 전원이 함께하는 무대를 장식해 보려고 한다. 또 모두 나가기를 희망하셨다. "우리가 이렇게 건강해지고 실컷 웃으면서 수업하는 걸 자랑해야지." 내가 바라는 요가 명상 교실의 효과다. 육체적 유연함과 내면의 유연함이 합을 이루면 행복 지수 뿜뿜이다. 자존감이 올라갔다. 오늘도 숨을 깊게 들이마시고 내쉬면서 정화를 해 본다. 따뜻한 기운으로 나를 어루만져 준다. 내면의 평화가 깃든다.

도경 명상 따라하기

(나는 고전 요가를 고수한다. 고전 요가가 지닌 고유한 장점으로 나는 새롭게 태어났다. 그리하여 나와 함께 수련하는 회원님들에게도 삶에 조용히 스며들길 바란다. 잔잔하게, 우아하게, 편안하게 지금을 보내기를 말이다.)

▶**일어나기 명상** / 아침을 맞이해서 감사하다.
→ 나는 자살 시도를 한 바보였다.

▶**설거지 명상** / 먹을 수 있음에 감사하다.
→ 병원 생활이 많다 보니 온 가족 둘러앉아 밥을 먹는다는 것은 축복이다.

▶**청소 명상** / 청소할 수 있는 집이 있어 감사하다.
→ 문고리 빼고 대출 빚인 집이지만 그 또한 능력이라 생각하니 감사하더라.

▶**빨래 명상** / 금쪽같은 내 새끼 건강해서 감사하다.
→ 더러워진 옷을 빨래하다 보면 열심히 놀았구나, 내 새끼 건강하구나 싶어 눈물 나게 감사하다.

▶**걷기 명상** / 두 다리 건강해서 감사하다.
→ 의자에 아들과 나를 묶어서 지낸 세월이 길다 보니 목, 허리 디스크가 심해 걸을 때마다 통증이 있었다. 이젠 통증 없이 걷는다. 잘 걷는다. 감사히 걷는다. 감사하다.

▶**소리 명상** / 들을 수 있어 감사하다.
→ 새소리, 바람 소리, 물소리, 비 오는 소리, 눈길 걷는 소리를 난 들을 수 있다. 나에게 사랑한다 속삭이는 소리를 할 때 비로소 세상의 소리가 들린다.

▶**화장실 명상** / 눌 수 있어 감사하다.
나는 옥동에 위치한 ○○외과에서 한 달에 한 번 인위적 관장을 할 정도로 꽉 막혀 있었다. 배는 7개월 산모 배처럼 나와 있었고 늘 복부 팽만이 복통, 두통을 일으켰다.

▶**잠자기 명상** / 오늘 하루 잘 보내어 감사하다.
저녁 9시 30분~10시가 되면 눈이 토끼 눈처럼 빨갛게 충혈되어 잠을 청한다. 수면제 없인 잠을 못 자던 나는 이제 없다. 기차에서도 버스에서도 잠자리가 바뀌어도 잘 잔다. 오구오구 어여쁘다. 코를 골아도 이쁘다. 난 이런 내가 그저 이유 없이 이쁘다.

수면 유도 목소리, 스피치 강사?

"안녕하세요. 요가 강사입니다. 이번 달 피트니스 사용료입니다."
"네, 수고하셨습니다." 3년 동안 반복되던 이 대화는 내 삶의 일상이었다. 나는 아파트 피트니스센터에서 요가 강의를 진행하며 매달 성실히 사용료를 납부했다. 그러던 어느 날, 댄스 강사님과 수업이 겹치던 날이었다.

"조금 늦으셨네요."
"네, 아파트 관리소에 피트니스 사용료 내고 오는 길인데 늦었네요."
"사용료를 내신다고요? 이 회비 받고 강의해 주면 아파트 측에서 오히려 강사에게 고마워해야 하는데요." 댄스 강사님은 과거 사용료 얘기가 나왔을 때 단호히 거절했다고 회상했다. 그럴 거면, 다른 강사 알아보라고….

나는 그제야 나만 사용료를 내고 있었다는 사실을 알게 되었다. 과거의 나는 요가 강사를 하고 싶다는 열정에 사로잡혀, 회원을 모집하고 아파트 측에 요청했다. 이후 모든 일을 스스로 감당했다. 계약서에 사인할 때도 고개를 숙이며 '감사하다'는 말만 반복했었다. 한마디로 '을'의 자세로 굽신굽신.

과거의 내가 부끄러웠다. 그날 이후 나는 결심했다. 더 이상은 이렇게 살지 않겠다고. 제대로 말하는 법을 배우겠다고. 그게 안동상공회의소 2층 스피치커뮤니케이션 5기 과정 저녁반 스피치 수업에 등록한 이유였다. 첫날, 나는 예상치 못한 평가를 받았다. "수면유도 목소리로 아주 잘 재워 주고 계십니다. 졸리는 목소리, 어쩌실 겁니까?" 얼굴이 화끈거렸다. 쥐구멍이라도 있으면 숨고 싶었다. 그날 밤, 자존심이 상해 문자(내가 생각해도 예의 없는)를 강사님께 보냈지만 답장은 없었다. 그래도 피 같은 돈이 들어간 수업료가 아까워서 다시 교육장으로 향했다.

한 문단을 또박또박 읽는 연습을 했다. 말끝 흐리지 않기, 음절 음절 정확한 발음으로 소리 내기, 눈과 눈을 맞추는 시선 처리, 목소리에 힘을 실으며 어깨를 펴고 말하기, 바르게 앉고 서기, 그렇게 조금씩 내 모습이 변했다. 13회차가 되던 날, 나는 더 이상 머뭇거리지 않았다.

허리를 곧게 펴고, 자격증을 받았다.

> **스피치커뮤니케이션 지도사**
>
> 상기인은 자격기본법 제15조 및 동법 시행령에 의거하여 휴먼스피치문화원에서 실시한 민간 자격 스피치커뮤니케이션 2급 자격 검증시험에 합격하였기에 본 자격증을 교부합니다.
>
> 2012년 8월 6일

스피치 수업을 발판으로 스피치 강사로도 한 걸음 내디딜 수 있었다. 목소리에 힘이 붙더니, 일상생활도 근력이 붙은 것처럼 달라졌다. 3년 전 검찰청 송년 특강 진행으로 의성에 간 적이 있다. 그 자리에 임○○ 님 5기 회원님께서 사무장 업무를 맡고 계셨다. 승승장구하는 모습이 멋있다면서 사진 한 장으로 추억을 대신했다.

"스피치를 잘하려면 어떻게 해야 할까요?"라고 누군가 묻는다면, 거창한 대답을 해 주고 싶지 않다. 연습해야 하는 건 누구나 잘 알 터. 나는 '말의 온도'라는 나만의 원칙을 세웠다. 말은 차가운 말, 미지근한 말, 따뜻한 말로 나뉜다. 어떤 말을 해야 할지는 교육 대상과 상황에 따라 달라진다.

차가운 말은 직장에서 필요한 경우가 많다. '다·나·까'로 끝나는 딱딱한 말속에서도 톤과 높낮이에 따라 온도를 조절할 수 있다. 미지근한 말은 착한 사람 콤플렉스에서 비롯되곤 한다. 거절을 두려워하며 이도 저도 아닌 말을 하게 되는 것이다. 나는 항상 강조한다. 자기표현은 곧 자기 사랑이라고.

가장 중요한 것은 따뜻한 말이다. 부모 교육, 직장 교육, 마을 주민 교육 등 내가 진행하는 모든 강의의 기본은 따뜻한 말에서 시작된다. '너 때문'이 아니라 '당신 덕분'이라는 표현. 수용과 이해, 배려가 담긴 따뜻한 말은 듣는 이의 마음에 스며든다.

나는 기업, 기관, 단체, 학부모를 대상으로 하는 강의에서 늘 말한다. "따뜻한 말은 스피치의 알토랑 거름입니다. 스피치를 통해 더 많은 사람들과 공감하고, 그들의 삶에 힘을 더해 주세요."

말의 힘으로 바뀐 내 삶! 스피치 수업 이후, 나는 아파트 관리소장님과 면담을 했다. '갑'과 '을'을 떠나 나는 차별적 대우와 운영을 한 부분을 얘기했다. 그리고 소장님의 결정을 기다렸다. 소장님은 피트니스 사용료를 내지 않아도 된다고 하셨다. 그것으로 만족이었을까?

"사용료를 내지 않아도 된다는 결정, 감사합니다. 다만, 한 가지 더 부탁드리고 싶습니다. 대신 요가 매트를 전면 교체해 주세요."
결과는 'OK'였다. 예전 같았으면 이런 요구조차 꺼낼 엄두를 내지 못했을 것이다. 하지만 나는 이제 말하는 법을, 그리고 말의 힘을 알고 있다.

스피치 수업은 내게 단순히 말하는 법만 가르쳐 준 것이 아니라 내 안에 잠재된 힘을 깨닫게 했다. 그리고 나의 행동에도 변화가 찾아왔다. 무언가 부족하다고 느껴진다면, 자신을 먼저 공부해야 한다. 나를 알아 가고, 나를 열어 가는 열쇠는 내 안에 있다. 오늘도 나는 나를 공부하며 새로운 문을 열어 간다. 내가 가진 열쇠로 더 많은 가능성을 열기 위해. 말의 온도가 따뜻해질 때, 삶도 따뜻해진다.

미래 유망 직업 검색, 실버 노래 강사

하루에 네 번, 아파트 피트니스센터에서 열심히 요가 수업을 했다. 입소문이 나서 아파트 주민이 아닌 분들도 요가를 배우고 싶어 했다. '밖에서 요가원을 열어 보라'는 달콤한 제안이 이어졌다. 계약을 맺은 요가원은 꽤 큰 평수였다. 알다시피, 나는 여유 있지 않았다. 요가원을 늘리는 대신 우리 집을 줄여야 했다. 나에게는 큰 결심이었다. 13평 되는 집에서 아이들은 끼여 잤다. 그런데도 "엄마, 우리 집은 펜션 같아요." 하면서 싫은 내색 안 하던 자식들이었다(지금도 자녀 관련 수업을 가면, 이 에피소드를 언급한다).

승승장구, 요가원이 잘되었어야 했는데….

인생은 예기치 못한 일들의 연속이다. 나라의 복지 문화가 활발해지면서 점점 요가 수업이 곳곳에 생겨났다. 주민복지지원센터, 행정복지센터, 주민자치센터, 평생학습센터, 여성회관 등 다양한 기관의 수업은 대부분 무료였다. 돈을 낸다고 해도 3개월에 만 원

정도. 요가는 별다른 시설 투자가 필요 없는 데다 매트 하나로도 가능한 운동이고, 실제로 치료적·치유적·정신적 안정 효과까지 있어 인기가 나날이 높아졌다.

사설 요가원에 돈을 내고 다니는 사람들이 줄어들 수밖에 없었다. 집안 살림을 하는 엄마들 입장도 어느 정도는 이해가 간다. 자신을 위한 투자는 아무래도 지갑을 여는 데 망설이게 되는 법이니까. 나의 인맥 찬스는 딱 2년 정도 이어졌다. 어떤 이는 말했다. "장인 정신으로 운영하다 보면, 원장님 요가를 좋아하는 분들은 꾸준히 올 거예요."

하지만 기다리기엔 대출 이자와 요가원 월세가 매달 나를 옥죄었다. 그냥 내가 즐기는 취미로 강사를 한다면 모를까, 나는 두 아이 엄마이자 친정의 맏딸이었다. 그래서 나는 지금까지도 말한다. "저는 생계형 강사입니다." 생계를 위해 쉬지 않고 여기까지 달려온 것이다.

월세를 감당하려면 돈을 벌어야 했다. 무턱대고 회원을 기다릴 수는 없었다. 요가 타임이 줄어들고, 텅 빈 요가원을 바라볼 때마다 가슴이 탁탁 막히는 듯했다. 네이버에 검색했다. '미래 유망 직업'을 검색했지만, 컴퓨터 분야 등 나와 거리가 먼 것이 주로 나왔다. 다시 검색했다. '4050대 유망 직업?' 이랬더니 실버 강사 직종이 뜨는 것이 아닌가. 실버 강사 대세 등의 이야기를 천천히 읽었다. 아이디어가 스쳐 지나갔다. 요가 강사인 내가 요가 수업에 '트로트'를 접목해 실버 노래 강사로 도전해 보는 건 어떨까. 외할머니께서 흥얼거리던 노래 장단을 따라 불렀던 나였다. 분명 내 안에는 '흥'도 있었다. 그렇게 나는 자격증 취득에 나서기로 했다. 도전!

2014년 3월 23일 오전 9시에 서울시 독산동 한국실버여가문화지도자협회로 향했다. 찬 바람이 여전히 남아 패딩을 입을 정도로 쌀쌀한 날씨였다. 후덜덜 추위를 이기며, 나는 안동에서 새벽 첫차를 타고 올라와 터미널에 도착한 뒤 지하철을 갈아타며 협회에 도착했다. 다소 낯을 가리는 편이라 사무실에 도착해 따뜻한 차 한 잔을 마시며 조용히 기다렸다. 교육생은 15명가량 모였다. 안동에서 온 나와 문경에서 온 한 분이 장거리 수강생이었다.

교육장은 한쪽 벽에 거울이 있었고, 책상과 의자가 가지런히 놓여 있었다. 이틀간의 교육이 끝나면 자격증을 받을 수 있었다. 내가 신청한 자격증은 실버 노래 강사와 실버 체조 강사다. 오전 오프닝이 끝나고 본격적인 수업에 들어가자 실전 위주의 교육이 이어졌다. 흘러간 옛 노래를 부르고 율동하며, 새로운 트로트 곡도 배웠다.

하, 정말 쉽지 않았다. '나마스떼' 하다가 갑자기 트로트 노래 곡에 맞춰 흥을 돋우려니, 몸도 적응이 필요한 듯했다. 시간이 필요했다. 둘째 날, 실전 심화 스킬을 배우고 마지막 시간에 실기시험을 치르는 일정이었다. 떨어질 것만 같았다. 마음을 졸였다. 안동에서 서울까지 왔으니, 다시 마음을 굳게 먹었다. 나는 노래 수업을 선택했다. 「장미꽃 한 송이」 율동으로 시작한 뒤 신곡 티칭을 진행했다. "야야야, 내 나이가 어때서… 자, 어르신들 하나, 둘, 셋, 시작!"

이 한마디 시작이 지금의 인기 노래 강사가 되는 출발점이 되었다. 그때 교육생 중 나보다 어린 사람이 한 명 있었고, 그다음으로 내가 젊은 편이었다. 정말 잘한 선택이었다. 지금도 그때의 결단과 배움을 떠올리면 내 머리를 쓰다듬어 주고 싶을 정도로 뿌듯하다.

요가원을 차렸던 것은 후회 없는 선택이었다. 왜냐하면 달리 생각해 보니, 내가 정말 세상 밖으로 나올 수 있는 계기가 되었다. 아파트 수업에만 안주하면서 살았더라면 '인기 노래 강사 황도경'은 없었을 것이다. 또 하나, '미래 유망 직업'을 검색했을 때, 무조건 상위 노출된 것(컴퓨터 분야)을 택하지 않았던 나의 선택을 존중한다. 나는 알고 있었다. 내가 디지털보다는 아날로그에 가까운 사람이라는 것을. 지금도 나는 꾸준히 나에게 질문한다. '내가 좋아하는 것은 뭘까? 내가 즐기는 것은?' 여전히 나에게 발라드는 졸립고 트로트는 신난다. 똑똑, 나에게 노크하는 시간. 처음에는 낯간지러웠지만 자꾸 하다 보면 된다. 되고말고.

첫 수업의 눈물,
그리고 무대 위 파격 변신

　오늘은 저녁에 있을 노래 교실 수업을 위해 옷을 고르는 날이다. 나의 옷장은 의외로 단출하다. 일자형 행거 하나. 까치발을 들어 맨 왼쪽에서 옷을 꺼냈다. 알록달록 형형색색 반짝이는 옷들이 자리 잡고 있는 쪽이다. 손끝으로 천을 만지며 문득 생각했다. 첫 수업의 단상. 우여곡절 끝에 서울서 자격증을 취득했는데, 기회가 바로 오지는 않았다. 그러다, 다른 노래 강사분이 교통사고가 나는 바람에 일종의 '땜빵'을 하게 되었다.

　결과는? 호되게 신고식을 치렀다. 문턱을 넘어서자마자 날아온 어르신들의 한마디가 나를 주눅 들게 했다. "어려 보이는 선생이 뭘 가르친다고 와서는…." 순간 머릿속이 하얘졌다. 쪼그라들었다. 이렇게 거친 반응이 나를 기다리고 있을 줄은 몰랐다. 1시간 수업을 어떻게 마쳤는지 기억조차 나지 않는다. 겨우겨우 시간을 채우고 차에 올라 대성통곡을 했다. 열심히 연습하고 준비했던 모든 것이 날아가 버렸다.

눈물범벅, 내면에 있던 내가 쏟아져 내렸다. 쏟아야 채울 수 있는 법이다. 내가 가진 두려움과 자신감 부족, 실패를 씻어 내야 했다. 그렇게 나는 안동 월영교 주차장에 차를 세우고 한참 동안 멍하니 있었다. 그러다 나 자신과 대화를 시작했다.

"도경아, 이대로 주저앉을 거야? 다시 태어나야지. 실버 노래 강사에 맞는 옷을 입는 거야. 새로운 나를 꺼내 보는 거야. 알았지?"

집으로 돌아오자마자 결혼할 때 입었던 한복을 꺼냈다. 내 가위질에는 주저함이 없었다. 한복 치마 절반을 댕강 잘랐다. 그리고 자른 부위에 올이 풀리지 않게 가장자리를 라이터로 지졌다. 자른 천은 묶는 용도로 머리 장식으로 활용했다. 속바지도 입고, 버선도 신어 보았다. 거울 앞에 선 나는 스스로에게 말했다. "그래, 나는 이제 하회탈처럼 신나고 유쾌한 노래 강사 황도경이다!" 한복을 입으니 정말 트로트 가수 같은 분위기가 나는 듯했다. 전통적이면서도 친근해 보였다.

두 번째 수업부터 나는 달라졌다. 첫 수업의 흑역사를 겪고 차분하게 '멍때리기 명상'의 흐름을 따라갔다. 가수 금잔디의 패션을 참고해 꾸민 나는 트로트 가수처럼 화통하게 경로당에 등장했다. 어르신들의 반응은 폭발적이었다. 어르신들이 웃고 춤추는 모습에 나도 활기를 얻었다. 회장님과 총무님은 나를 그다음 수업에도 적극 추천했고, 이후 나는 최대 하루 4건의 수업을 소화할 만큼 일정이 꽉 찼다. 모든 것이 감사했다.

처음에는 요가 수업을 하다가 노래 수업을 하니, 어색하기도 했다. 그런데 노래 강사는 잊고 있던 나를 꺼내는 계기가 되었다. 초등학교 장래 희망에 나는 '탤런트, 가수, 도덕 선생님'을 적었더랬다. 노래 강사는 하면 할수록 세 가지 옷을 다 입었다는 생각이 들었다.

'내 안의 나'를 만나는 건, 나뿐만 아니라 어르신들도 마찬가지였다. 노래 교실을 통해 나는 많은 어르신들을 만났다. 그중 가장 기억에 남은 분은 배우자를 떠나보낸 후 끼니도 거르고, 외출도 안 한 채 상실감에 잠겨 있던 어르신이셨다. 이웃의 손에 이끌려 겨우 수업에 나오신 그분은 처음으로 수업 시간에 울음을 터뜨리셨다. 그날의 노래는 「아내의 노래」, 「연모」, 「미운 사랑」 같은 곡들이었다. 모두가 함께 울었고, 그 어르신은 수업이 끝난 뒤 나를 꼭 끌어안으며 말했다. "고마워요, 황 선생.", "같이 울어요."

나는 노래의 힘을 매번 느낀다. 노래는 단순히 목소리를 내는 것을 넘어 사람의 마음을 움직이고 치유하는 도구다. 노래 가사를 부르다 보면, 그 안에 내 인생이 담겨 있다는 것을 알게 된다. 가슴에 쌓인 한과 응어리를 녹이게 된다.

홀로 낯선 길을 택한 나. 노래 강사로서의 삶은 또 다른 가능성을 열어 주었다. 인기가 많아지고 앙코르 수업이 계속되는 나날이 이어졌다. 몸이 한 개라, 모든 것을 소화하기가 여의치 않을 때가 많았다. 내 시간을 맞춰 주는 곳도 있었지만, 고민이 되었다. 걸으면서 아이디어를 떠올렸다. 좋은 습관 중의 하나가 '생각하기'가 있다. 낙서처럼 보일 수 있지만, 브레인스토밍을 계속한다. 떠오른 생각이 기똥찬 아이디어가 되기도 하고, 구체화되기도 하고, 발전되기도 한다. 기가 막힌 결과물이 나온 적도 꽤 있다.

그즈음, 『손오공』이 생각났다. 머리카락 하나를 뽑아 후~ 날리면 수많은 손오공을 만들어 내는 장면처럼(『손오공』 만화를 아는 세대들이라면 아하! 하고 무릎을 치는 그 장면), 나와 같은 강사를 양성해 파견할 수 있는 체계를 구상한 것이다. 그렇게 강사 양성 기관 사업자등록증을 내게 되었다. 1기로 시작해 지금은 77기까지 배출했으며 성공적으로 운영 중에 있다. 나와 같은 방법의 수업을 하는 노래 강사, 체조 강사를 양성하여 파견하는 기관인 아나드림 협동조합. 현재는 아나드림가치연구소, 심촌지도소, 주식회사 심촌 사업자등록증이 있다.

어제 남편이 부쳐 주는 노란 호박전을 먹고 일찍 자려 했다. 그런데 오늘따라 접시 옆에 TV 리모컨이 보여서 무심코 눌렀다. 호기심을 자극하는 프로그램이 방송되고 있었다. 「기안이쎄오」는 동병상련 CEO들을 위한 해결사가 된 기안84의 CEO 구출 일지를 그리는 오피스 예능 프로그램이다. 기안84의 성격답게 기똥차고, 기발하고, 독특한 조언과 아이디어들이 은근히 도움이 되었다. 나는 이 모습이 나와 비슷하다는 생각이 들어 웃음이 나왔다.

마치 인기 아이돌 공연 못지않은 뜨거운 열기가 있는 수업 현장, 마이크를 쥐고 서는 일상, 흥을 감추지 못하고 떼창을 하는 어르신들. 50대 황도경의 삶은 이미 성공했다.

"살아 보니 알겠다. 인생은 살아 볼 만한 가치가 있다. 진짜 잘 살고 있다, 황도경!"

노래 수업의 장점 알아보기

노래는 단순히 소리를 내는 것이 아니라, 마음과 몸 그리고 사람들 간의 연결을 이루는 활동이다. 노래 교실에서는 날씨, 계절, 그날의 이슈에 맞는 곡을 선정해 함께 노래를 부른다. 이를 통해 다양한 효과를 얻을 수 있다.

1. 스트레스 해소
노래를 부르며 감정을 표현하고 긴장을 풀 수 있다. 즐겁게 노래하는 시간은 스트레스를 해소하고 마음의 여유를 되찾게 한다.

2. 자신감 향상
자신의 목소리를 내고, 다른 사람들과 공유하며 자신감을 키울 수 있다. 자존감을 회복하고, 용기도 생긴다.

3. 기억력 향상
가사를 외우고 노래를 반복하는 과정은 기억력을 자극하고 뇌 활동을 활발하게 만든다. 어르신들에게는 두뇌 운동이 된다.

4. 운동 효과
노래를 부르며 몸을 움직이면 자연스러운 운동 효과가 있다. 특히 노래와 함께 춤이나 율동을 곁들이면 체력도 향상된다.

5. 사회적 연결

노래는 사람들을 하나로 묶는 힘이 있다. 함께 노래하며 웃고 이야기하는 시간은 사회적 연결을 형성하고, 새로운 관계를 맺는 기회를 제공한다.

도경 한마디

"노래를 부르며 울고, 웃고, 춤추는 순간, 무지갯빛을 가진 나 자신을 발견하게 된답니다.
오늘, 나만의 노래를 불러 보세요."

나를 변화시킨 엄마의 자리

　둘째 아들이 고등학생일 때의 일이다. 한창 시험 기간이라, 아이가 힘든 때였다. 집으로 들어오는 아들의 모습은 지쳐 있었다. "아…." 들릴 듯 말 듯 조용히 내뱉는 한숨이 멈칫하게 만들었다. 걱정스러운 마음에 나는 말을 꺼냈다. "그러니까… 공부라는 길을 선택하면 길고 힘들다고 했잖아. 너만의 기술을 배워 보는 건 어때? 그래 보자니까." 내 말이 끝나기도 전에 아들은 울음을 터뜨리며 말했다. "어머니, 나 지금 열심히 하고 있어요. 이런 말은 저한테 아무 도움이 안 돼요. 이런 나에게 잘하고 있다고, 응원해 주시지…."

　말문이 막혔다. 순간 얼어 버렸다. 항상 묵묵히 자기 길을 걸어가던 아들이 처음으로 속마음을 드러내며 눈물을 보인 것이다. 그 순간 나는 내가 얼마나 부족한 엄마였는지, 그리고 내 아이를 얼마나 제대로 이해하지 못했는지 깨달았다. 열 달 동안 품고, 소중히 키운 금쪽같은 내 새끼지만, 정작 나는 내 아들을 제대로 이해하지 못하고 있었다.

　나는 마음을 추스르고 정성껏 간식을 준비했다. 대화를 나눌 타이밍을 기다리며 조심스럽게 말했다. "엄마가 미안해. 나는 네가 부담 없이 시험을 잘 치렀으면 좋겠다는 마음에서 그런 말을 했어."

　아들은 나를 바라보며 답했다. "알아요, 어머니. 그런데 지금 상황에선 저를 지지해 주시면 더 힘이 날 것 같아요." 다행히 아들은 내 눈을 보며 말해 주었다. 아들의 말은 내게 큰 깨달음을 안겨 주었다. 아이가 필요로 하는 것은 꾸짖음도, 그럴싸한 조언도 아니었다. 아들이 진정으로 필요로 하는 것은 믿음과 응원이었다. 일종의 동반자가 되어 주는 것이었다. "알았어. 멋있어. 기대된다, 내 아들. 내가 어떻게 이렇게 멋진 아들의 엄마가 되었을까? 난 복이 참 많아. 파이팅!"

　그날 난 아들의 눈물을 본 순간, 부모 또한 배우는 존재여야 한다는 것을 깨달았다. 돌아보면, 부모는 아이를 가르치는 존재라고만 여겼던 것 같다. 하지만 아들의 부모도 자녀를 공부해야 한다. 그리고 배운 것을 바탕으로 스스로 성장하기 위해 노력했다. 학부모 특강 강연에서 이 이야기를 꺼낼 때마다 나는 다시금 다짐한다. 청중들에게도 꼭 강조한다. "부모도 자녀를 공부해야 한다."라고.
　그때 그렇게 울음을 터뜨렸던 아들은 대학생이 되었다. 아들은 현재 주 3일, 양꼬치집에서 아르바이트를 하며 학업과 일을 병행하고 있다. 시험 기간에도 일하랴 공부하랴 바쁜 모습을 보면, 마음 한구석이 찡하다.

  군 복무를 마친 아들은 전에도 듬직했지만 더 믿음직스러워졌다. 한 달 전, 우리 부부는 아들 자취방에서 하룻밤을 자고 왔다. 남자 혼자 사는 집 같지 않게, 정리정돈이며 청소도 잘되어 있었다.

  아들이 말했다. "어머니께서 말씀하셨죠? 성공한 사람들은 이불 정리부터 한다고…. 늘 되새기고 있습니다. 하하하." 이런 싱거운 녀석이 내 아들이다. 냉장고 밑반찬도 잘 정리되어 있다. 오전 수업 마치고 집에서 직접 요리를 해서 먹는다고 한다. 식비를 아껴 보겠다는 계획에서다. 모든 게 그저 그냥 짠하다.

  최근에는 아르바이트를 마친 아들로부터 전화가 왔다. "아르바이트 마쳤어요. 집에 가서 씻고 조금 더 공부하고 자려고요." 나는 짧게 응원했다. "화이팅!" 그리고 아들에게 카톡으로 메시지와 함께 사진을 보냈다. "끝날 때까지 끝난 것이 아니다. - R. T. 켄달" 곧바로 답장이 왔다. "감사합니당. 열심히 할께용!" 귀여운 이모티콘이 보여 웃음이 나왔다. 아들이 보내는 긍정적인 에너지가 나를 더 좋은 부모로 만들어 준다.

엄마가 되고 보니 부모라는 자리가 얼마나 중요한지 알게 되었다. 내 생각, 말, 행동이 고스란히 자녀에게 전달된다. 부모는 아이의 거울이다. 그래서 나부터 먼저 '어른 부모'가 되어야 한다. 내가 어른 부모로 성장하는 과정은 자녀와 함께하는 배움의 여정이었다. 아이를 키우며, 나는 부모의 책임과 의미를 새롭게 배웠다. 어쩌면 지금의 나를 만든 밑그림은 아이들이었을지도 모른다. 베스트셀러 작가의 말처럼, 부모는 자녀의 인생에서 가장 중요한 첫 번째 교사다. 실은 그 베스트셀러 작가가 바로 나다(자기 암시 중).

남편과 나의 가정 환경은 녹록지 않다. 둘이 함께 열심히 생활해서 하나하나 일구어 나가는 자수성가형인 거다. 대학교 생활하는 아들의 얘기를 들어 보면 가정 환경과 지지 정도의 차이가 실감난다. 어마어마하다. 친구들의 부의 격차는 일상생활 곳곳에 스며들어 있을 테다. 아들도 안다.

그런 배경에서 잘 지내 주길 바라는 마음에서 난 얘기한다. 솔직히 빵빵한 용돈은 못 준다. 그래도 이런 상황에서 내 마음의 노를 잘 저으면 괜찮다고.
타인을 보며 매번 위축되고 땅굴을 파고 들어가는 건 옳지 않다. '그럼에도'를 새기고 '지금 자리의 나'와 '미래의 나'를 돌봐야 한다. 예시가 되는 이들은 많다. 우리 사회에는 멋진 어른들도 있다. 김미경 대표님, 김창옥 교수님, 김승호 회장님, 고명환 작가님, 자청 작가님을 비롯해 우리나라 기업 원조 정주영 회장님까지….

"온실 속 화초는 곱다. 길가에 비바람, 눈바람 맞은 들꽃은 향도 깊고 더 아름다우며 생명력이 길단다. 안 된다고 하는 사람은 핑계만 찾고, 된다고 하는 사람은 방법을 찾는다." 아들은 답한다. "어머니, 유명한 그 누구의 명언보다 어머니를 보면서 확실히 배우고 있습니다. 전 어머니가 제일 멋있고 대단하고 최고십니다."

나를 이렇게 감동시키다니, 참 멋진 놈이다. 나에게 묻는다.
질문: "나는 좋은 부모인가?"
답: "아직도 배우고 있지만, 최선을 다하고 있다."
나는 아직 완벽한 부모가 아니다. 그러나 배움 위에 있는 부모다. 오늘도 아들과 함께 배우고 성장하고 있다.

예절 교육 1년, 나를 귀하게 만드는 배움

한 번씩 어린이들이 나오는 TV 프로그램에서는 이런 주제를 다룬다. 이를테면, 아이가 부모와 떨어져 예절 교육을 받는 것이다. 첩첩산중에 위치한 서당에서 아이들은 훈장님께 예절 수업을 듣는다. 바른 자세로 앉기, 존댓말 쓰기, 뛰어다니지 않기, 사자소학 배우기 등. 낯선 곳에 온 아이들은 위엄 있는 훈장님 훈육에 기가 죽는다. 급기야 눈물 콧물로 뒤범벅이 되기도 한다. 웃자고 보는 예능 프로그램이지만, 나는 추억이 생각난다.

나 역시 예절 수업을 받았기 때문이다. 무려 1년이나. 2015년, 도산서원 선비문화수련원에서 전통 예절 지도사 과정을 이수했다. 예절 교육이라는 낯선 길을 선택했던 그 시기의 경험은 지금도 내 삶에 깊은 울림을 남기고 있다. 나는 그렇게 생각한다. '모르는 것과 아는 것의 차이'는 자신감과 열등감 사이의 간극을 메우는 과정이라고.

이 수업을 들은 이유 역시 계기가 있었다. 강의가 다양해지면서 만나는 사람들이 많아졌다. 범위도 넓어졌다. 강연 청강 대상자뿐 아니라 그 대상자를 담당하고 있는 기관장, 담당 주무관 등 연배 불문 남녀노소를 만나게 되었다. 인사, 짧은 대화, 미팅, 식사, 강의 콘텐츠 브리핑 등 다양한 상황이 내 앞에 펼쳐졌다. 늘 그런 것은 아니지만, 살짝 작아지는 모습이 종종 있었다. "인사로 나를 알리자." 예의를 갖춘 내가 되자고 주문을 걸 무렵, '전통 예절 지도사' 안내를 보게 되었다.

첫 수업 날의 풍경은 아직도 선명히 떠오른다. 퇴직 공무원, 전통 매듭 연구가, 자연 염색 연구가 등 연륜과 지혜가 묻어나는 분들이 수강생으로 자리하고 있었다. 나는 그들 가운데 막내였고, 나의 젊음과 서툰 모습은 오히려 따뜻한 응원으로 바라봐 주셨다. 기특하다고 보신 것이다. 그중에서도 NASA에서의 경력을 뒤로하고 민화를 배우며 새로운 길을 개척한 신○○ 선생님은 나에게 용기와 삶의 다양한 방향성을 제시해 주셨다. 선생님은 안동 태화동에 민화 교육원 오픈을 앞두고 있다.

일주일에 한 번, 오전 10시부터 오후 5시까지, 하루 꼬박 시간표 일정은 촘촘했다. 배움의 과정에서 가장 먼저 내 삶에 스며든 것은 '공수'였다. 공수는 두 손을 가슴 앞에 공손히 모으는 전통 예절의 자세인데, 존중과 겸손의 상징이라 할 수 있다. 손을 포갤 때 왼손과 오른손의 위치를 고민하며 익혔던 이 동작은 단순한 신체적 자세를 넘어 일상에서도 자리 잡았다(남성의 경우 왼손을 오른손 위에 올려놓고, 여성의 경우 오른손을 왼손 위에 올려놓는 것이 일반적이다). 밥상머리 예절도 빼놓을 수 없다. 예절은 식탁에서도 그 중요성을 발휘한다. 어른이 먼저 수저를 들 때까지 기다리고, 음식을 먹을 때는 큰 소리나 입에 음식을 가득 넣고 말하지 않는다. 식사 후에는 공손하게 감사 인사를 한다.

나는 배움의 횟수를 거듭할수록, 내가 귀한 사람으로 거듭나는 것 같다는 생각을 했다. 아마도 어린 시절, 바쁜 어머니와 일찍 돌아가신 아버지로 인해 부족했던 전통적인 가르침을 스스로 채워가고 있는 과정이 아니었을까. 이 배움은 나의 두 아들에게 자연스럽게 전수되었다. 당연히 초중고 강의 때도 인성 예절을 강조한다.

도산서원에서 보낸 1년은 단순히 예절을 배우는 시간이 아니었다. 이는 세상과 소통하는 방식을 배우는 소중한 기회였다. 공손한 인사를 통해 나를 알리고, 상대방의 이야기에 귀를 기울이는 태도는 강의와 일상 속에서 나의 자신감을 높여 주었다. 작은 배움들이 쌓이면, 어느새 삶이 바뀐다.

수강생들과의 만남도 따뜻했다. 조○○ 선생님께서 겨울철 감기로 고생하시던 때, 어머니가 만들어 주신 생강청을 선물로 드렸더니 작은 가방을 감사의 표시로 받았다. 흰 가방이 마음에 들었다. 이러한 만남과 나눔은 물질적인 가치를 넘어, 마음과 마음이 연결되는 따뜻한 경험으로 남았다.

그리고 오늘날에도 내 삶을 지탱하고 있다. 두 아들을 키우는 엄마로서, 학생들에게 가르침을 전하는 강사로서 그리고 스스로를 더 나은 사람으로 만들어 가려는 한 개인으로서 나를 붙잡아 준다.

알아 두면 쓸모 있는 예절 3

1. 밥상머리 예절

1) 식사 시작 전에는 손을 깨끗이 씻고, 식사 후에는 입을 헹구어 청결을 유지한다.
2) 식사 중에는 숟가락과 젓가락을 올바르게 사용하고, 음식물을 흘리지 않도록 주의한다.
3) 큰 소리나 말소리를 내지 않고, 조용하게 식사를 즐긴다.
4) 식사 중에는 휴대 전화를 사용하지 않고, 다른 사람들과의 대화에 집중한다.
5) 음식물을 공유할 때는 서로 동의하에 하고, 위생에 주의한다.
6) 식사 후에는 감사의 말씀을 전하고, 식기류와 테이블을 정리한다.

2. 어른과 식사할 때 예절

1) 어른이 먼저 수저를 들기 전까지 기다린다.
2) 음식을 먹을 때는 큰 소리나 입에 음식을 가득 넣고 말하지 않는다.
3) 어른이 먼저 음식을 덜어 주기 전까지 기다린다.
4) 음식을 먹을 때는 공손하게 감사 인사를 한다.
5) 음식을 먹을 때는 젓가락으로 음식을 들지 않고, 숟가락이나 젓가락을 사용할 때는 올바른 방법으로 사용한다.

6) 음식을 먹을 때는 자신의 그릇을 들고 먹지 않고, 테이블에 놓고 먹는다.

7) 음식을 먹을 때는 자신의 그릇에 있는 음식을 먼저 먹지 않고, 어른이 먼저 드시도록 양보한다.

8) 음식을 먹을 때는 자신의 그릇에 있는 음식을 다른 사람에게 주지 않는다.

9) 음식을 먹을 때는 자신의 그릇에 있는 음식을 흘리지 않도록 주의한다.

10) 식사를 마친 후에는 공손하게 감사 인사를 한다.

3. 세배 예절

1) 어른이 자리한 곳으로 가서, 어른의 앞에 서서 머리를 숙여 인사한다.

2) 어른이 세배를 받으라고 하면, 두 손을 모아서 공손하게 엎드린다.

3) 어른이 세배를 받으셨다면, 일어나서 인사를 드린다.

4) 어른이 세뱃돈을 주시면, 공손하게 받고 감사의 말씀을 전한다.

5) 어른과의 대화가 끝나면, 자리에서 일어나 인사하고 물러난다.

6) 방석을 사용할 때는 방석의 크기와 모양에 맞게 앉아야 하며, 방석을 밟거나 넘어지지 않도록 주의한다.

7) 방석을 사용할 때는 방석의 위쪽에 있는 부분부터 사용해야 하며, 방석의 아래쪽에 있는 부분은 사용하지 않아야 한다.

함께 키우는 꿈나무 한 그루, 진로 상담사

새벽 5시 30분, 아직은 해가 뜨지 않은 캄캄한 시간이다. 안동 고운사가 있는 마을로 향한다. 어릴 적 소풍 전날 밤처럼 마음이 설레고 두근거린다. 집에서 한 시간 정도 달려 도착하니, 익숙한 B 군과 낯선, 조금 더 키가 작은 아이가 길가에 서 있었다.

"일찍 나왔네. 옆엔 동생?"

"네."

B 군이 웃으며 대답한다. 나는 그렇게 두 아이를 태우고 일직중학교로 향했다. 학교 운동장에 도착하니 우리를 기다리는 버스 한 대가 보였다.

오늘 일직중학교 1학년들은 거제로 진로 체험 학습을 떠난다. 거제 포로수용소 유적공원, 이순신 공원, 김영삼 대통령 생가를 방문하는 일정이다. 나는 인솔 교사로 참여했다. 중1 아이들과 팔짱을 끼고 사진도 찍으며, 재미있게 하루를 보냈다. 아이들보다 오히려 내가 더 즐거운 시간이었는지도 모르겠다. 돌아오는 버스 안에서 피곤에 지쳐 잠이 든 학생, 친구와 수다를 떠는 학생, 스마트폰으로 사진을 정리하는 학생…. 다양한 모습들이 눈에 들어왔다. 나는 이 평범하지만 아름다운 장면들을 가슴에 담았다.

  마지막으로 나에게 남은 일정은 아침에 태우고 왔던 B 군을 집에 안전하게 데려다주는 것이었다. 처음 만났던 그 장소에서 내리자, B 군의 동생이 기다리고 있었다. B 군은 내려서 동생에게 달려갔다. 그 순간 나는 또 하나의 장면을 목격했다. 버스 안에서 먹지 않고 남긴 간식 봉지를 동생에게 건네는 모습이었다. 형이 된다는 건, 이렇다. 자신보다 동생을 챙기는 것이다. 그럼 '작은 어른'이라고 불러도 무방하겠지.

  가슴이 찡했다. 짠하기도 했다. 시리기도 했다. 내 어린 시절이 떠오르기도 했다. 어쩌면 나는 B 군에게서 나 자신을 보았던 걸지도 모른다. 자연스럽게 투영되었는지도 모르겠다. 아버지가 돌아가시고 하나뿐인 동생이 전보다 더 신경 쓰였다. 기죽지 않고 학교생활을 잘하길 바랐다. 20대 초반, 나는 병원에서 일을 힘겹게 하면서도 8개의 적금 통장을 만들었다. 그렇게나 짠순이였던 나는 동생에게 지출을 아끼지 않았다. 당시 유행하는 브랜드 옷과 신발을 선물로 마구마구 안겼다. 아빠가 안 계신다는 이유로 동생이 차별받지 않기를 바랐고, 친구들에게 떡볶이 한턱 낼 수 있는 당당한 동생이 되기를 바랐다. 학창 시절 내 안에는 열등감이 있었지만, 동생은 그러하지 않기를 바랐다.

그날 밤, 집에 돌아와 꽤 늦은 시간까지 잠이 오지 않았다. 뒤척이다 밤 11시 40분쯤에 뜻밖의 카톡이 울렸다. 보내온 사람은 다름 아닌 B 군이었다. 동영상과 함께 긴 메시지가 도착했다. 동영상에는 거제로 출발할 때부터 돌아오기까지의 여정이 담겨 있었다. 풍경, 체험 학습 그리고 마지막에 내가 떠나는 차의 뒷모습까지…. 영상 속 한 장면, 한 장면이 따뜻하고 정겨웠다.

메시지의 내용은 이랬다.
"황도경 선생님, 감사합니다. 우리 마을은 첫 버스가 7시에 와서, 학교에서 가는 먼 거리 체험 학습은 가지 못했습니다. 오늘 선생님 덕분에 처음으로 친구들과 추억을 남겼습니다. 선생님 덕분에 세상은 아름답고 좋은 사람들이 많다는 걸 깨달았습니다. 저 이제 장래 희망이 생겼습니다. 저는 세상의 아름다운 모습을 담는 VJ 영상 제작자가 되고 싶습니다. 선생님 정말 감사합니다."

나는 그날 한참 동안 잠을 이루지 못했다. 오히려 내가 B 군에게 고마웠다. 나는 아파 본 사람이기에, 어려움을 겪어 본 사람이기에 안다. 손을 건네는 것보다도 잡는 게 더 어렵다는 것을.

그렇게 나는 B 군과의 인연 속에서 새로운 희망을 얻었다. 나로 인해 누군가 웃을 수 있다면, 그 한 사람을 위해서라도 나는 앞으로도 희망을 전해야겠다고 말이다. 내 미약한 기운이 누군가에게 작은 빛이 될 수 있다면 나도 누군가의 멘토가 될 수 있지 않을까.

B 군과의 인연은 자유학기제로 생겼다. 자유학기제가 무엇일까. 자유학기제는 중학교 과정에서 한 학기 동안 학생들이 시험 부담 없이 자신의 꿈과 끼를 찾을 수 있도록 돕는 제도이다. 토론이나 실습처럼 학생 참여형 수업과 진로 탐색 활동을 통해 학생들은 자기 주도적인 학습 능력과 창의력을 키울 수 있다. 자발적으로 길을 찾아간다는 데 의미가 있다.

나 역시 지금의 모습이 되기까지 수없이 많은 시행착오를 거쳤다. 순간순간 의미가 있었지만, 진로 상담사처럼 일종의 길잡이가 있었다면 조금 덜 넘어지지 않았을까. 우리나라 교육 제도의 오랜 문제점은 스카이 대학만을 쫓다가 공부만 하다가, 막상 대학에 들어가서 뒤늦게 진로 고민을 하기 시작한다는 것이다. 고민이라는 게 나쁜 건 아니지만, 조금 더 일찍부터 나에 대해 탐구하는 시간을 보냈더라면 더 좋은 결과가 나왔을지도 모르겠다는 게 내 지론이다.

100일 프로그램으로 아이들과 만나지만, 일방적으로 가르치지 않는다. 이런 길, 저런 길을 스스로 건너갈 수 있도록 오히려 보여주는 쪽에 가깝다. 1일 차를 시작으로 100일 차가 끝날 때까지의 변화는 놀랍다. 나도 몰랐던 나의 모습을 발견하면서 자신감이 생기고, 확신으로 가득 찬다.

에필로그

2015년, 나는 자유학기제 시범학교로 선정된 일직중학교에 들어갔다. 진로상담사로 활동하게 된 황도경. 나 역시 스스로 길을 만들었다. 우연과 운명 같은 만남으로 이루어졌다.

당시 나는 아나드림 협동조합의 이사장이었다. 협동조합 선생님들에게 활력을 줄 무언가를 만들어야겠다는 막연한 책임감으로 안동교육지원청을 찾아갔다. 그때는 자유학기제에 대한 정보도 모른 채였다. 아들 중학교 진로 선생님을 찾아갔더니, 교육지원청에 가 보는 게 좋겠다는 조언을 얻은 터였다.

나는 교육장실 2층에서 서성거리다 그냥 차에 탔다. 그다음 날 다시 도전했다.
"어! 선생님, 안녕하세요." 예천여자고등학교 다닐 때 체육 선생님을 뵈었다.

"어떻게 왔어?" 개명하기 전 내 이름을 불러 주시는 선생님.

"내 방으로 가서 얘기하자."

알고 보니, 예천여고 다닐 때 나를 가르쳤던 체육 선생님께서 교육장님이 되어 계셨다.

"제가 100일 자기 계발 프로그램을 개발했습니다. 초중고 방과 후 수업으로 소개하고 싶어서 찾아왔습니다." 나는 장학사님과 주무관님과 미팅을 마칠 수 있었다.

때마침 자유학기제 시범 학교가 선정되었는데 프로그램 선택으로 고민하는 중이라고 하셨다. 나는 곧장 교육팀장님과 프로그램 브리핑 준비를 철저히 했다. 그리고 다시 일직중학교 진로 선생님을 찾아가 프로그램을 소개했다. 그 결과가 B 군을 만난 인연으로 이어졌던 것이다.

삶은 도전의 연속이다. 문은 두드리면 열린다.

"내가 또 너희에게 이르노니 구하라 그러면 너희에게 주실 것이요 찾으라 그러면 찾을 것이요 문을 두드리라 그러면 너희에게 열릴 것이니"(누가복음 11장 9절)

지나간 나 안아주기
지금의 나 안아주기
다가올 나 안아주기

다가올 나 안아주기

먹고 기도하고 사랑하라

　11월부터 심촌지도소 카페를 꾸몄다. 빨강과 초록은 크리스마스의 시그니처 컬러다. 두 색이 나란히 만나기만 하면 그 자체로 '크리스마스'다. 아기자기한 산타 소품만으로도 심촌지도소에는 포근함이 감돌았다. 나의 메리 크리스마스. 2024년, 51살이 되었다. 50대의 크리스마스를 어떻게 보낼까 고민했다.

　우선 마트에 장을 보러 갔다. 12월 22일부터 25일까지 나와 만나는 모든 분들과 크리스마스를 즐기기 위해서다. 딸기, 바나나, 귤, 샤인머스캣, 마시멜로우, 해바라기씨, 초콜릿, 비스킷, 치즈 등 장바구니를 가득 채웠다. 딸기로 꼬마 산타 간식을, 바나나로 산타할아버지를, 연둣빛 샤인머스캣으로는 트리를 장식했다. 사랑하는 가족, 카페에 오신 손님, 강의장에서 만나는 학인 모두에게 행복을 나눠 드렸다. "이거 드셔 보세요!", "아앙!" 하나같이 다들 순수한 마음으로 귀여워하셨다. 잊지 못할 나의 크리스마스였다.

"산타 할아버지가 오실까?" 아이들은 손꼽아 기다린다. 반면에 나는 크리스마스를 모르고 컸다. 촌에는 집집마다 굴뚝이 있어도 산타 할아버지를 기다리는 추억이 없다. 먹고사는 차이, 문화의 차이가 이런 거다. 이제라도 즐길 수 있어서 감사할 뿐이다.

음식은 우리 삶에서 매우 중요하다. 단순히 먹고사는 생존을 넘어 음식에는 영혼이 들어 있다. 문화, 사회, 정서 등 다양한 측면에서 가치를 지니고 있다는 것이다. 나는 유난히 '음식'에 얽힌 결핍이 많다.

어릴 적의 나는 단지 배가 고파서 먹었다. 엄마는 늘 바빴기에 동생과 둘이서 끼니를 해결해야 했다. 계란프라이와 간장에 비벼서 먹는가 하면, 계란이 없을 때면 라면 스프에 밥을 비벼 먹는 것도 예사였다. 초등학교 때 도시락도 참 별 게 없었다. 산등성이 세 개를 넘어서 학교에 가면, 다들 점심이 되기도 전에 도시락을 꺼내 먹었다. 무말랭이김치, 총각김치, 깻잎김치 등 주 반찬이 김치였다. 김치 이야기가 나와서 말인데, 시골은 널린 게 무였다. 촌은 무가 간식이다. 겨울이면 생무를 잘라서 먹었다. 틀니를 하셨던 외할머니는 숟가락으로 무를 긁어서 드셨다. 그럴 때면 나는 옆에서 "아~" 하며 받아먹었다. 얼음처럼 아삭아삭한 시원함이 지금도 생생하다. 아무튼 시골은 음식이 귀했다. 어쩌다 한 번씩 도시락에 계란프라이가 얹어져 있으면, 도시락 뚜껑을 덮어서 야금야금 몰래 먹기도 했다. 누군가에게 뺏길까 봐서다. 그나마 초등학교 때에는 사는 게 다 고만고만해서 격차를 잘 못 느꼈다.

그러다가 중학교를 읍내로 가면서부터 환경·문화·경제적 차이를 실감했다. 읍내 친구들은 햄, 소시지, 고기류가 가득했고, 도시락도 예뻤다. 심지어 국도 있었다. 너무 부러웠다. 모든 게 부럽고 먼 나라 사람들처럼 느껴졌다. 그러다 아빠마저 돌아가시면서 정서적 위축감이 커졌다.

『먹고 기도하고 사랑하라』라는 소설이 있다. 엘리자베스 길버트라는 저널리스트의 자전적 소설이며, 줄리아 로버츠 주연의 영화로도 제작된 작품이다. 주인공은 1년간 이탈리아, 인도, 발리를 여행한다. 특히 음식을 통해 영적인 탐구를 하는 이야기는 많은 이들에게 영감을 줬다. 나 역시 너무 좋아하는 작품이다.

음식은 우리의 감정과 정서에 영향을 미친다. 맛있고 예쁜 음식을 먹으면 행복하고 만족감을 느낄 수 있으며, 스트레스를 해소하는 데에도 도움이 된다. 또한, 특정 음식은 우리의 어린 시절이나 특별한 순간을 떠올리게 하여 향수와 추억을 불러일으킨다. 지금 이 모든 것을 즐길 줄 아는 내가 좋다. 그러기에 내가 먹는 음식은 예쁘다. 사랑의 조미료가 듬뿍하다. 행복에 빠져 버린다.

나의 샐러드 끼니를 소개한다. 양배추와 파프리카 4색을 자르고 깻잎으로 초록색을 더해 준다. 복숭아도 채 썰어서 퐁당 넣어 준다. 아로니아 가루를 흩뿌려 주고, 카뮤트 효소도 톡톡 뿌리고, 마지막으로 계란프라이를 올린다. '내 몸 챙김 샐러드'도 색과 결합하면 더욱 특별해진다. 나를 귀하게 대접한다. 나를 함부로 대할 수 없게 된다. 이것을 경험한 뒤로 나는 내가 만나는 음식에 의미를 더한다.

더 나은 어른으로 만드는 시간

　100세 철학자로 유명한 김형석 교수님께서 말씀하셨다. "자신의 배움 깊이가 자신 인격이고, 인생이다." 교수님은 "사람은 배워야 한다. 그렇지 않으면 정신이 늙는다."라고 했다. 나의 배움의 좌우명이기도 하다.

　2018년, 나는 다시 학교 강당에 앉았다. 경안대학교 대학원 사회복지학과 석사 과정을 이수하기 위해서. 돌이켜 보면, 30~40대 순간순간마다 배움의 시간이 있었다. 만학도로 뷰티디자인과를 졸업했고, 요가 전문가 자격증도 취득했다. 웃음치료와 비롯한 여러 민간 자격증을 따고 행복 강의도 나갔으며, 노래 강사로도 활발하게 활동했다.

　게으름을 피웠던 시간이 없다. 사회복지학과 석사를 공부하게 된 것도 배움의 소중함을 알아서였다. 그보다 근본적으로 내 강의의 깊이를 더하고 싶었다. 웃음치료와 행복 특강 안에서도 '행복 지수 향상'이 화두가 되니, 데이터적으로도 확신을 갖고 싶었다. 정책적인 사회 복지 추구가 외적 행복 지수와 가까운지, 내적 행복 지수와 가까운지…. 처음 마음은 그러했다.

결론부터 말하자면, 둘 다 도움이 되었다. 그리고 내 안에 숨어 있던 '어린아이', '내면 아이'도 툭 하고 나오는 계기가 되었다. 그 일화를 적어 보려고 한다. 둥그런 책걸상들이 가지런히 놓인 1층 강의실, 서로 마주 보며 배우는 그 공간에 교수님은 늘 정중앙 센터에 있으셨다. 그날은 사회문제론 세미나 5주 차 수업이 있는 날이었다. 학기는 2학기였던 걸로 기억한다. 사회문제를 비판, 분석하고 대안을 모색하는 수업이었다. 그날 수업 주제는 '중독'이었다. 어떤 배움과 만날 수 있을까? 기대감이 가득 찼다. 내 눈은 반짝이고, 자세는 바르며, 태도는 진지했다.

교수님은 중독 문제에 대해 설명하셨다. '중독'은 어떤 특정한 물질이나 행동에 대해 강한 의존과 반복적인 사용 또는 수행이 일어나는 상태를 말한다. 여기에도 '의존성'이라든지 '내성', '금단 증상'으로 다시 특성이 나뉜다. 교수님께서는 자신의 경험을 들려주셨다. 알코올 중독에 사로잡혔던 자신의 과거와 가족에게 외면받았던 이야기, 중독을 극복하고 완치된 후 상담 센터까지 운영하게 된 과정이었다.

"불안함을 해소하기 위해 선택한 게 술이었죠. 제 모습이 난폭하다고 도망가는 가족을 보면서 큰 결심을 했습니다. 가족의 외면에서 오는 소외감이 컸습니다."

교수님께선 원우들에게 질문을 하셨다. "혹시 중독을 직접 경험하거나 가까이에서 겪어 본 분이 있나요?" 나는 손을 들었다.
"기억이 나는 무렵부터 돌아가시기 전날까지, 제 아버지는 알코올 중독자셨습니다." 교수님은 조용히 물으셨다.
"황 선생, 조금 더 얘기해 줄 수 있을까요?"
나는 천천히 입을 열었다.
"술에 취해 집 안을 부수고, 엄마를 때리던 아빠가 무서웠어요. 온 가족을 불안하게 만들었어요. 그럴 때마다 마을 친구 집에서 밤을 보내거나 짚단을 덮고 자곤 했습니다. 그런 날들이 수두룩합니다. 아빠가 남긴 건 빚뿐이라 원망스러웠고, 돌아가신 날마저도 슬프지 않았습니다. 이제 맞지도 않고, 도망가지 않아도 되니까요. 그래서 산소에도 가지 않았어요. 중독은 당사자에게만 해당하는 게 아닙니다. 가족에게는 지옥이에요."

강의실 안의 공기가 무겁게 가라앉았다. 적막이 흘렀다. 교수님은 잠시 휴식 시간을 주셨다. 10분 뒤, 다시 강의를 시작하며 말씀하셨다.

"중독은 질병입니다. 마음이 아픈 질병이에요. 우리는 이가 아프고 배가 아프면 병원에 가잖아요. 무섭다고 회피하는 것이 중독자들의 증세를 더 악화시키고 있는 것입니다. 중독자를 이해하는 단 한 사람이 있다면, 어둠뿐인 그들에게도 빛이 보일 수 있습니다. 치료 방법에는 상담과 약물 치료, 행동 치료도 있지만 무엇보다 가장 강력한 치료제는 가족의 지지입니다."

그 말을 듣고 나도 모르게 뜨거운 눈물이 흘렀다. 주위 원우님들이 눈물을 닦으라며 티슈를 건네고 등을 토닥이며 쓰담쓰담 위로해 주었다. 그날 수업을 마치고 돌아온 나는 아빠의 산소를 찾아가기로 결심했다. 다음 날, 소주 한 병과 명태포 하나를 들고 산소에 섰다. 오래도록 울었다. 묵혀 두었던, 가뒀던 감정이 눈물과 함께 쏟아졌다.

"아빠… 아픈 거였어요. 아빠도 아빠가 처음이고 힘들었을 텐데, 혼자서 다 이고 지고 견디느라 버거웠죠. 이제야 알 것 같아요. 잘생기고 키 큰 우리 아빠…. 노래도 잘 부르고, 하모니카도, 기타도 잘 쳤던 아빠가 보고 싶어요. 태어나게 해 주셔서 감사합니다. 아들들이 내 코가 아빠 닮아서 높대요. 처음 해 보는 말이지만, 아빠 사랑해요."

이렇게 나의 사회복지학 석사 과정은 나를 또 이해하고 성장하는 시간으로 남았다. 경안대학원대학교 사회복지학과 석사 과정 중 모든 수업 시간이 나에게 새로운 지혜 탐색의 시간이었다. 미시적으로 시작했던 석사 과정에서 인생을 살아가는 거시적인 나의 인생 가치로 전환된 배움의 시간이 되었다. 그래서 난 사회복지 분야에 종사하시는 모든 분을 존경하고 또 존경한다. 나의 그릇은 미시적임을 받아들이고 서서히 성장하려고 마음먹는다.

이 글을 쓰기 전, 교수님께 새해 인사 겸 문자를 보냈다.

"교수님, 새해 복 많이 받으세요. 황도경입니다. 저는 지금 꿈꿔 왔던 작가 되기 걸음마 중입니다. 초고를 쓰다 보니 문득 교수님 생각이 나 이렇게 인사를 드립니다. 아빠를 이해하게 되고, 사랑할 수 있게 된 대학원 과정의 한 일화를 적으려 합니다. 덕분에 무릎 꿇고 아빠를 부르며 울 수 있었습니다. 아빠를 향한 미움과 원망으로 가득했던 유년 시절, 두 아이의 엄마가 되고 뿌리박힌 마음의 병을 치유해 주신 교수님 덕분에 저는 조금 더 나은 어른으로 성장했습니다. 감사합니다. 존경합니다."

이 메시지를 보낸 지 얼마 지나지 않아 교수님으로부터 답장이 왔다.
"우리 황 선생과 함께한 그 시간, 잊을 수 없어요. 을사년 새해 홧팅!"
다정한 답장은 나에게 잊을 수 없는 새해 선물이 되었다.

이종일 교수님, 진심으로 존경합니다. 그리고 다시 한번, 저를 구원해 주셔서 감사합니다.

내게 생긴 초능력

"와!" 하는 소리와 함께 달려 나갔다. "여기요!" 정신을 차려 보니 나는 단상 위에 있었다. 세탁기 경품 당첨의 주인공이 된 나. 행운의 주인공은 바로 나야 나. 번쩍이는 야간 조명 아래서 손목에 채워진 경품 팔찌를 치켜올렸다. 세탁기 옆에 꼭 붙어서 입꼬리 올린 채 브이 하며 인증 샷까지 찍었다. 예천 군민의 날 기념식 및 제60회 예천 군민 체육 대회가 열린 지난 2024년 10월 9일에 일어난 일이었다. 경쾌한 발걸음으로 들어오는 길에 엄마를 비롯해 개포면 체육회장님 내외분, 껌할머니 등과 함께 하이파이브를 나눴다.

이게 가능하구나. 아니, 가능할 줄 알았다. 하늘을 올려다봤다. 하늘이 빚어낸 풍경이 눈에 들어왔다. 낮 동안 쨍쨍 내리쬐던 해는 숨고 초승달이 자신을 뽐내며 밝히고 있었다. 꼭 나를 보고 입꼬리 올리며 웃는 듯했다. 나지막하게 내뱉었다. "아…빠…." 소란스럽고 분주한 가운데 비집고 들어오는 기억의 호주머니 속에 아빠가 있었다. 행운의 그 자리, 예천공설운동장에서 37년 전 아빠는 돌아가셨다. 예천 군민 체전의 날이었다. 참 아이러니했다. 같은 장소에서의 다른 결과.

이날 행사 오전부터 있었던 일을 회상해 본다. 예천 군민 행사라 엄마는 개포 면민들을 위해 음식 담당을 맡으셨다고 했다. 어묵과 전, 과일, 떡 등을 마련한 모양이었다. 막상 현장에서 보니 인력이 많이 부족했다. 함께해야겠다고 생각했다. 장갑을 끼고 이것저것 담고 나르고 배달을 했다. 덕분에 인사를 많이 들었다. "오늘 봉사 많이 하네.", "좀 앉아, 다리 아프겠다." 등등. 칭찬을 듣다 보니 아이처럼 신이 나기도 했다. 그사이 면사무소 직원분이 손에 팔찌가 없다며 경품 팔찌를 내 손목에 채워 주셨다.

개회식과 축하 공연 후 이어진 체육 대회에서는 양궁, 활 서바이벌, 피구, 줄다리기, 단체 줄넘기, 팔씨름, 여자 중량 들기, 육상 100m, 400m, 계주 종목이 진행됐다. 행사장은 뜨거운 열기로 가득 찼다. 나는 어찌어찌 줄넘기 선수에도 포함되어 출전했다. 출전 선수라서 체육복 상의까지 받았다. 예상 밖의 선물이었다. 예상 밖의 일이 조금씩 생기고 있었다. '이 느낌 뭐지? 음… 좋은 기운이 느껴져…. 끌어당겨 볼까?' 좋은 기운이 채워지고 느껴지는 듯했다. 지역 가수 및 유명 가수 축하 무대가 끝나고 난 경품 시간까지 남아 있었다. 그렇게 세탁기까지 타게 된 것이다.

나는 정말 전율이 일었다. 세계적인 베스트셀러 『시크릿』(2006)의 핵심 '끌어당김의 법칙(Law of attraction, LOA)'이 이루어진 것이다. LOA를 요약하면 '생각이 현실이 된다.', '생각이 씨가 된다.'이다. 자신이 원하는 미래상을 늘 갖고 있으면 좋은 기운이 찾아온다. 나는 이것을 자주 체험했다.

이 세상 사람은 두 부류로 나뉜다.
'시크릿'을 아는 사람과 알지 못하는 사람.
끌어당김의 법칙은 아주 순종적이다.
당신이 원하는 것을 생각하고 온 힘을 다해 거기에 집중하면,
끌어당김의 법칙은 그것을 확실하게 당신에게 되돌려 보낸다.
- 『시크릿』(론다 번) 중에서

아빠가 돌아가셨던 장소에서 이렇게 생각하는 게 쉬운 일이 아니다. 그런데 나는 내가 달라졌음을 직감했다. 그날 오후 3시 30분경에 앰뷸런스 한 대가 감천면 본부석에서 멈췄다. 응급 상황이 일어났나 보다고 생각했다. 회상을 안 하려고 해도 장소가 주는 기억들이 떠오르니 그냥 떠오름을 받아들였다. 그때 누군가 이렇게 넌지시 말했다. "한참 전… 30년도 더 전에 여기서 쟤들 아빠 사고 났어. 앰뷸런스 보니 생각나네." 우리 가족이 아닌 그 누군가가 기억해 주시니 난 그 또한 감사했다. 생각의 변화는 이렇게 큰 것이다. 아픈 기억을 다시 구성하고 재창조하는 건 바로 내 몫인 것이다.

책을 읽은 후 나는 달라져 가고 있다. 초능력도 생겼으며, 예지력도 생겼다. 오늘도 책을 펼치고 있는 내 모습은 나의 모습 중 내가 좋아하는 모습이다.

"아고… 아름다워라! 도경아~ 사랑해! 이이이이~따만큼~"

13년째 보물 지도 만드는 가족

2025년 새해가 밝았다. 떠오르는 해를 바라보며 마음을 다잡았다. 새로운 한 해 동안 내가 지켜야 할 자세와 태도, 이루고 싶은 계획을 차분히 정리했다. '모든 날, 모든 날들이 나를 향해 떠오른다.' 해돋이의 따스한 빛을 가슴에 품고 영상에도 담았다. 지인들에게도 새해 인사 겸 보냈다. "따끈따끈한 해가 도착했어요."

나는 '어느 날, 문득' 변한 것이 아니다. 초긍정적인 마인드는 단숨에 생기지 않는다. 나에게도 분명한 전환점이 있었다. 그 계기는 서른 살에 만난 새로운 친구, 바로 책이다. 책 친구는 20여 년간, 내 곁에 있었다. 고민이 있거나 어려운 과제를 마주할 때, 새로운 강의안을 준비하며 청중 앞에 서고자 할 때, 시간이 남을 때, 여유가 있을 때, 고요한 시간을 보내고 싶을 때… 든든한 동반자가 되어 주었다. 그렇게 책은 나를 지켜 주었다.

내가 처음 손에 든 책은 김미경 작가의 『꿈이 있는 아내는 늙지 않는다』였다. 그 이후 『시크릿』, 『물은 답을 알고 있다』, 『왓칭』, 『돈의 속성』, 『더 해빙』, 『보물 지도』, 『미움받을 용기』, 『논어』, 『잠언』 등 많은 책을 읽었다. 꼬리에 꼬리를 무는 듯하다. 지금도 책장을 보니, 내 공간을 가득 채운 책 친구들이 나의 손길을 기다리고 있다. 내 카페 '심촌지도소' 한편에도 책장이 있다.

이러다 보니, 한 번씩 지인들에게 책 관련 질문을 받는다. "어떤 책이 좋아요?" 추천을 해 달라는 것도 많지만, 그 속에는 고민이 주된 내용이다. "사실 책이 중요하다는 건, 누구나 알잖아요. 그런데 안 읽게 되네요." 알면서도 못 하는 경우가 허다하다. 내 습관을 바꾸기 위해서는 노력이 필요하다. 이럴 때, 나는 '보물 지도'를 떠올린다. 나는 매년 보물 지도를 만든다. 아니, 더 정확하게는 가족 모두 함께한다. 두 아들이 각각 11살, 12살 때부터 시작했으니 어느덧 13년째 이어지는 우리 가족만의 전통이다.

매년 들어가는 나의 보물 목록에는 '책 읽기'가 있다. 그렇게 나도 독서를 잊지 않겠다는 의지를 표현해 둔다. "그게 뭐예요?" 지인들이 모두 강의 청중이 되는 게 아닌지라, 보물 지도를 궁금해하는 분들이 더러 있다. 그래서 이번에는 보물 지도 이야기를 자세히 해 보려고 한다.

우선 '보물 지도' 원조 개발자는 내가 아니다(실행자는 황도경이 맞지만!).

『보물 지도』는 모치즈키 도시타카(Mochizuki Toshitaka)가 쓴 책 이름이다. 저자는 "사람이 꿈을 이루기 위해서는 생각처럼 어렵고 복잡한 과정이나 절차가 필요하지 않다."라고 말한다. 그가 제시하는 포인트는 자신만의 보물 지도를 만들라는 것이다. 이 책에서 말하는 보물 지도는 쉽게 만들 수 있고 그 효과는 놀랍다. 우선 자신의 꿈과 관련된 이미지나 사진을 모아서 코르크보드에 붙인 후 가까운 곳에 두고 자주 본다. 이렇게 함으로써, 행운은 점점 내 편이 되고 좋은 일들이 하나둘씩 발생하게 된다는 게 요지다. 이 방법은 일본 전역에 보물 지도 만들기 신드롬을 불러일으켰다.

내가 13년째 해 보니, 정말 맞다. 보물 지도의 힘은 무궁무진하다. 어쩔 때는 소름이 끼칠 정도다. 보물 지도를 만드는 재료는 꼭 정형화하지 않아도 될 듯하다. 예전에는 A3 용지에 했는데, 이번에는 아들이 군 복무 중이라 A4에 했다. 그래도 큰 맥락은 지킨다. 보물 지도를 만드는 날, 우리는 다 함께 옹기종기 모여 앉아 신문을 오리고, 미리 준비한 사진을 붙이며 꿈을 하나씩 완성해 간다. 그림을 잘 그리는 둘째는 그림으로 자신의 꿈을 표현한다. 남편과 나, 첫째와 둘째가 만든 보물 지도는 각자 나름의 색깔을 지닌다.

자, 그럼 만든 보물 지도를 둘 위치를 선정한다. 우리 집은 식탁

옆 눈에 잘 보이는 곳에 보물 지도를 두고, 핸드폰에도 저장해 수시로 바라보며 시각화한다. 잠재의식은 뇌에 각인이 된다. 자연스럽게 행동에도 이어진다. 그 시간이 쌓이고 쌓여 지금의 나와 우리 가족이 만들어진 것이다.

아이들이 초등학교 4, 5학년인 무렵에는 이런 내용이 지도에 들어갔다. '수학 점수 올리기', '책 2권 읽기', '친구 8명 사귀기', '반장 되기' 등. 조금 더 커서 중고등학생 때에는 발전했다. '전교 10등 안에 들기', '영어 단어 100개 외우기' 등. 현재 20대가 된 첫째 아들은 '자격증 취득', '공군 입대', '장학금 받기', '몸만들기' 등 목표로 했던 것들을 하나하나 이뤘다. 둘째 아들도 '인서울 대학교 입학', '장학금 받기', '몸만들기', '해외여행 가기'라는 목표를 거의 완벽하게 이뤘다.

기억에 남는 일화도 많다. 남편의 보물 지도에 적혀 있던 '5월 31일 냉장고 산다'는 목표가 떠오른다. 냉장고를 주문하고 기다리던 중, 설치 기사님으로부터 받은 메시지 날짜가 바로 5월 31일이었다. 그 순간 우리 둘 다 닭살이 돋았다. 또 '건물주가 된다'라는 목표는 두 필지 건물을 내 명의로 등기하면서 이루어졌다. 2024년에는 '1억 연봉 강사'라는 꿈까지 현실이 되었다. 무엇보다도 나의 보물 지도에는 늘 '책 읽기', '약속 시간 10분 전에 도착', '걷기 운동'이 들어갔다.

보물 지도를 만들며 꿈을 향해 달려가는 우리 가족은 언제나 흥미진진한 경험을 함께 나눈다. 이미 기적을 경험했으니 말이다.

"이 글을 읽고 계신 친애하는 나의 독자 여러분, 지금 이 순간 여러분은 큰 복을 받으신 겁니다. 저와 함께 꿈을 나누고 지지를 받을 기회를 얻으셨으니까요! 이제 우리 함께 문을 두드려 봅시다. 심촌 지도소로 오면 됩니다. 친절하게 안내해 드리겠습니다."

보물 지도를 만들고 실천하는 과정은 1년 동안 진행된다. 그러나 처음 시작하는 분들에게는 단기 실천 프로그램도 필요하다는 생각에 100일 작전을 개발했다. 이 프로그램은 짧은 기간 안에 실행력과 자신감을 키울 수 있도록 돕는다. 일종의 보완된 프로그램이다. 처음 시작하는 분들은 응원과 지지가 필요하다. 여기에 본인의 실행력이 합쳐져야 한다. 이 프로그램은 기업, 기관, 학교에 소개되어 자유학기제 프로그램으로 3년간 우수한 성과를 거두기도 했다. 나는 내 개인적인 성장뿐 아니라, 타인의 성장을 지켜보고 함께하는 것도 행복하다.

"여러분, 이제 나를 믿고 있는 나의 의식과 손을 잡고 앞으로 나아가 보세요. 어제의 나보다 조금 더 나아진 오늘의 내가 바로 성장입니다. 매일매일 성장하며 더 나은 나를 만나러 갑시다."

- 황도경 강사

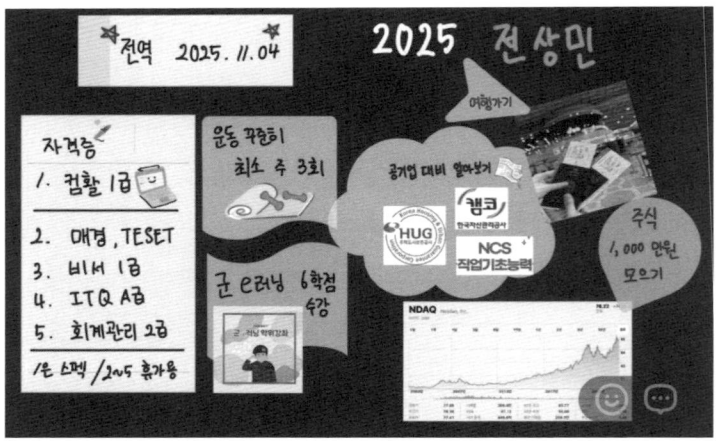

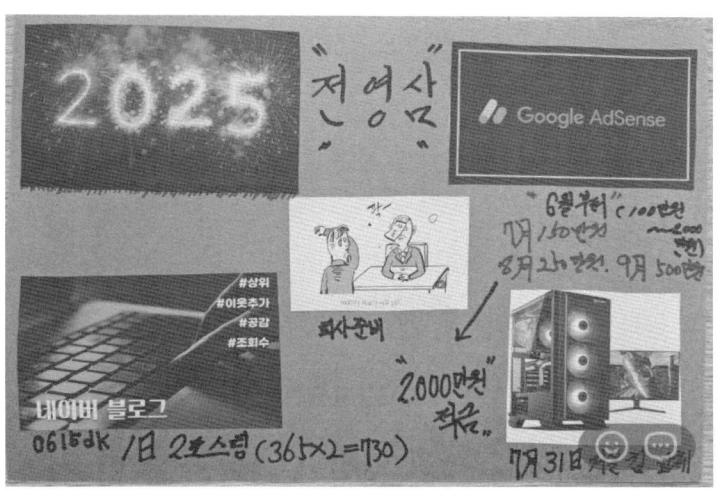

'도경이산'의 기적

지금으로부터 5년 전, 나는 70평 요가원 사무실을 정리했다. 자그마치 10년을 운영했다. 우여곡절 어려움도 많았지만, 오히려 짐을 뺄 때 제일 잘되고 있었다. 나는 '박수 칠 때 멋지게 떠나자.'라고 생각했다.

나를 무한대로 성장시켜 준 공간과 작별하고, 다른 공간을 만났다. 엄마 집 옆에 40년 된 농촌지도소 건물이 눈에 들어왔다. 과거 농촌지도소는 농업기술센터 직원이 파견 나와 일하던 사무실이었다. 농사꾼들의 자문을 받기도 하고 볍씨를 심는 법 등 교육을 하는 장소이기도 했다. 이제는 행정복지센터 안에서 하기 때문에 내가 알기로는 대략 10년가량 비어 있었다. 마침 예천군에서 유휴 공간 공매가 있다는 정보를 얻었고, 그동안의 모은 돈으로 건물을 소유하게 되었다.

50대를 맞이하는 나에게 주고 싶은 선물은 '여유'였다. 열심히 달려왔고, 이제 잠시 숨을 고를 때였다. 경북 예천군 용개로 1009번지. 나는 이곳에 나만의 천국을 만들기로 다짐했다.

때마침, 코로나19라는 무서운 감염병이 발생하면서 모든 시스템이 멈춰 버렸다.
2019년 말에 나라가 정말 어수선했다. 단체 활동이 모두 정지되었고, 프리랜서 강사였던 나는 수입이 0이 되어 버렸다. 나는 이 상황을 기회로 삼기로 했다.

"쉼을 가지며 내일을 준비하자, 도경아. 이 시간을 가치 있게 보내자. 나중에 돌아봤을 때 '참 멋진 시간이었다'고 자신 있게 말할 수 있게."

그렇게 나는 매일 아침 8시에 나의 건물로 출근했다. 강의안을 준비하고, 책을 읽을 공간을 먼저 만들어 보기로 했다. 아지트 같은 공간의 소중함을 난 요가원을 통해 알고 있었다.

바닥을 닦고, 커튼을 달고, 공예 수업에서 만든 작품을 진열했다. 요가원에 있던 다기 세트와 커피 기기도 놓고 보니 잘 어울렸다. 못질 하나 없는 목재 작품이니, 이질감이 없고 분위기가 고급스럽게 바뀌었다. 아늑한 분위기, 실내는 내 손길이 닿을수록 점점 예뻐졌다.

문제는 건물 밖이었다. 일단 잡초가 무성했고 흙더미가 쌓여 건물의 형체조차 알 수 없었다. 본래 지형 자체가 내리막이라, 도로 찌꺼기가 비가 오면 몰려 방치되어 있던 것이다(나중에는 수로 공사를 해 줘서 괜찮아졌다).

　그때 문득 떠오른 생각이 있었다. 찰나를 스치는 생각. '우공이산!' 우공이산(愚公移山)은 중국 고사성어로 '어리석은 사람이 산을 옮긴다.'라는 뜻이다. 일화를 검색해 보니, 이렇게 나온다. 옛날에 우공이라는 노인이 있었다. 그는 산이 너무 높아 마을 사람들이 다니기 불편하다는 이유로 산을 옮기기로 결심했다. 사람들은 비웃었지만, 우공은 매일 조금씩 산을 옮기는 일을 멈추지 않았다. 오랜 세월이 흐른 후, 결국 산은 옮겨졌다. 이 이야기는 작은 노력이라도 꾸준히 계속하면 큰 성과를 이룰 수 있다는 가르침을 준다.

　나는 결심했다. 무릎까지 오는 긴 장화를 신고 삽을 들었다. 하루하루 흙더미를 치워 보기로 했다. 출근 시간을 한 시간 앞당겨 아침 7시부터 일을 시작했다. 장화, 삽, 수레, 생수, 목수건, 목장갑, 밀짚모자를 준비하고 매일 같이 삽질을 했다. 얼추 하루에 700삽씩 펐다. 만만찮았다. 어깨 근육이 파열되고, 손에는 물집이 잡히고, 허리도 아팠다. 그런데 결국 해냈다. 일주일쯤 지났을 때 언덕이 사라지고 평지가 되었다.

당시 코로나19는 점점 확산이 되어 갔고, 여전히 대한민국과 세계가 일시 정지였다. 세상 밖의 시간과 상관없이 나는 묵묵하게 내 시간을 보냈다. 나는 이 경험에 특별한 이름을 붙였다. '도경이산.' 안 된다고 하면 될 일도 안 된다. 된다고 믿고 시작하면 기적이 일어난다. 그렇게 나만의 '도경이산'이 시작되었다.

이는 '移'(옮길 이) 자를 쓰는데, 나는 스스로 해내고 싶었다.

삽질을 하면서 사람들을 만났다. 동네 이장님, 노인 회장님, 작목반 회장님, 마을 어르신들이 지나가며 응원의 말을 건네기 시작했다. "대단해, 오늘도 하는구먼.", "동네가 훤해졌네.", "젊은 사람이 동네에 있으니 보기 좋구먼." 그러면서 배즙과 사과즙을 챙겨 주고 가셨다.

그와 반대로 우리 엄마는 걱정이 가득한 목소리로 말씀하셨다. "굴삭기 한 번 부르면 될 걸, 왜 고생을 사서 해. 고집도 고집도, 악바리. 아고 속상해." 사실 그때까지만 해도 친정 엄마는 나를 이해하지 못했었다. 안동 시내 요가원, 넓디넓은 70평 사무실을 접고 들어오는 게 실패처럼 여겨졌었나 보다. 지금이야 촌 카페가 활성화된 편이지만, 그때까지만 해도 카페는 대부분 도시에만 있었다. 나는 엄마에게 호언장담했다. "엄마, 나 이제 월세 내면서 건물주 좋은 일 하기 싫어. 나 여기 사람들 북적거리게 할 자신 있어. 내가 할 수 있다니까."

그렇게 내 건물은 마을에 존재감을 드러냈고, 자신의 존재를 알렸다. 자, 이제 뽐낼 차례다. 작은 벽돌을 둘러싸며 꽃을 심었다. 이제 봄이 오면 예쁜 꽃밭이 될 것이다. 페인트, 사다리, 붓, 오일스텐 등을 사서 건물 외벽도 하얗게 칠했다. 마을 사람들은 나를 신적인 존재로 보며 칭찬을 아끼지 않았다. 원래 할 줄 알았냐고? 아니다. 그냥 막무가내로 해 본 것이다. 나의 센스를 믿으며. 마지막으로 예쁜 전구까지 달고 나니, 비로소 나만의 공간이 완성되었다.

5개월 남짓한 시간이 흘렀다. 여전히 대한민국은 코로나19와 싸우고 있었지만, 나는 매일 아침 책 한 권과 노트북을 백팩에 챙겨 나의 건물로 출근했다. 가끔씩 마을 분들이 궁금한 듯 방문하셨고, 차 한 잔을 대접하면 만 원을 두고 가셨다. "우리 마을에 이렇게 예쁜 공간에서 차를 마셨으니 값을 치러야지." 한숨만 쉬던 친정 엄마도 변했다. 우리 딸이 이렇게 만들었다며, 자랑을 하셨다.

기적 같은 일이었다. 나의 공간은 '심촌지도소 카페'라는 이름으로 네이버와 블로그에 당당히 이름을 올리게 되었다. 예천 예쁜 카페, 회룡포 가는 길 카페, 용궁순대국밥 디저트 카페, 촌캉스 카페, 공방체험 카페 등으로 검색된다.

안동에서 예천으로 가는 출근길. 매 출근길이 나에게 주는 선물 시간처럼 느껴진다. 거짓말이 아니다. 정말 내 마음은 편안해졌다.

70평 널찍한 시내 사무실에서는 월세를 내기 10일 전부터 몸이 아팠다. 변비, 급체, 불면증….

지금은 허허벌판인 시골임에도 마음이 충만하다. 그리고 자기 암시를 한다.
"여기 카페 오는 분들은 행복해질 수밖에 없다. 오는 분들이 복 받은 거다!"

나는 여기 있을수록, 농촌의 공간이 소중하다는 것을 느낀다. 오죽하면 이웃 마을 주민들이 부러워할 정도다. 함께 모이는 사랑방 같은 곳이 있다는 게, 귀하다는 걸 아시니 나도 기쁘다.

'심촌지도소'는 '도경이산'의 기적으로 탄생했다. 작은 노력이라도 꾸준히 이어 가면 결국 큰 성과를 이룰 수 있다. 어떤 일이 어렵고 불가능해 보이더라도 포기하지 않고 끈기 있게 나아가면 기적은 반드시 찾아온다.

나는 지금 농업 경영인이다. 벼농사를 짓고 있는 농민사관학교 최고 경영자 과정을 수료한 여성 농업인.
흙, 자연, 사람과 소소한 정을 나누며 나는 살아간다.
일상이 기적이다.

아지트를 소개합니다

버지니아 울프가 말했다. 여성들이 자기의 목소리를 내기 위해서는 '자기만의 방'이 필요하다고. 어린 시절, 나는 내 방이 없었다. 외할머니와 함께 방을 썼다. 내 방을 가졌으면 하는 바람도 못 해 봤다. 그저 생존의 시절이었다. 아빠가 술을 마신 날에는 내게 쉼의 밤은 없었다.

20대 초반에는 기숙사 생활을 했으니, 일하랴 여유가 없었다. 아이를 낳고 한숨 돌릴 무렵, 그때부터 내게는 '아지트'가 생겼다. 아지트, 남들은 모르는 나만 아는 공간. 아지트라는 단어 자체가 옛 소련 지하운동본부를 뜻하던 러시아어 '아지트풍크트'에서 유래했다.

아지트는 쉼의 장소이기도 하고 창조의 장소이기도 하다. 쉼을 누리다 보면, 아이디어도 구체화되고 선명해진다. 둘이 선순환되는 느낌이다. 아지트는 지식이 아니다. 경험이다. 구체화된 경험. 지금 힘든 이들이 있다면, 묻고 싶다. '당신의 아지트는 어디인가요? 아지트를 만들어 보는 건 어떨까요?'라고.

나의 아지트 몇 곳을 소개해 보려고 한다. 누군가에게 '가 볼까?' 싶은 희망의 장소가 될 수 있으니까. 나는 유난히 바다를 좋아한다. 영덕 바다 장사해수욕장. 넓은 바다를 바라보면 마음이 비워진다. 파도의 썰물과 밀물을 바라보며, 나의 근심과 걱정도 털어 버린다. 모래사장에는 메시지를 새길 수 있다. "사랑해." 내 자신에게 주는 선물, 속삭임이다.

맑고 푸른 바다와 하늘 맞닿는 지평선을 바라보면 인생이 무겁게 느껴지지 않는다. 그냥 즐기게 된다. 나의 바다를. 바다에서는 명상을 하기 제격이다. 두 눈을 지그시 감고 파도 소리에 청각을 온전히 맡겨 둔다. 스멀스멀 올라오는 짠 기운, 바다 향기에 취한다. 때때로 나는 인기척은 효과음이 된다. 바다가 있는 지역에 강의가 들어오면 가는 길 내내 설렌다. 강의 시간보다 훨씬 일찍 도착해서 바다와 먼저 만나거나 또는 일을 마치고 바다로 향한다. 그렇게 바다와의 루틴이 있다.

두 번째는 문경새재다. 문경새재는 경상북도 문경시와 충청북도 괴산군 사이를 가로지르는 고개다. 예로부터 교통의 요지로 사용

되었다. 문경새재라는 이름은 '새로 난 고개'라는 뜻에서 유래되었다. 이 고개는 조선 시대에 한양과 영남을 오가는 길목으로서 중요한 역할을 했다.

그 옛날에는 과거 시험을 보러 가는 길로 한 사람의 인생이 변하는 장소이기도 했다. 나는 보토 맨발걷기길이 있는 문경세재 2관문까지 걷기 명상을 한다. 있는 생각과 새로운 생각의 오가는 길목에서 하염없이 걷는다. 우울하면 걸으라는 의사들의 처방은 거짓이 아니다. 걸으면 활력이 생긴다. 몸이 맑아지고 가벼워진다.

맨발과 흙이 닿는 접지 시간, 일명 '어싱 명상', 거친 흙길도 지난다. 고운 흙길도 지난다. 뾰족하고 다소 거친 잔돌을 지날라치면 온몸이 소스라치게 놀란다. 신경과 세포까지 놀라는 느낌을 받는다. 이것이 인생 아닐까. 인생 안에는 희로애락이 있다. 나는 내 인생길이 아프다고 생각했다. 실패와 낙담의 시간이 지나가니, 이제는 '그러려니'의 마음이 생겨났다. 오히려 더 절실히 아쉬운 점과 미흡한 점을 보완하려는 긍정의 시선이 나를 지켜 준다.

아지트 세 번째는 영주에 있는 소수서원이다. 소수서원은 선조 7년(1574)에 왕명으로 서원이라는 이름을 받았으며, 그 후로 많은 학자들이 이곳에서 공부를 했다. 평일에 가면 정말 한적하고, 자연 경관과 함께 건축물도 보면서 걷기에 그만이다. 선조들의 이념과 지혜를 얻고 싶을 때에는 소수서원으로 향한다.

네 번째는 청송 주왕산이다. 주왕산은 단풍으로 워낙 유명한 곳이다. 사계절 내내 자연 경관이 뛰어나다. 주왕계곡과 주왕산 폭포와 만나는 길을 거닐면서 다양한 식물과 새, 바람을 만나면 에너지가 채워진다.

예천 회룡포도 빼놓을 수 없다. 내 고향 예천에 위치한 독특한 지형을 자랑하는 곳이다. 강이 마치 용이 돌아가는 형태로 구부러져 있어 붙여진 이름이다. 가까이 있어 떠나기에도 부담 없다. 전통적인 농촌 풍경은 물론이고 다양한 꽃 축제가 열려서 꼭 추천하고 싶은 장소다.

마지막은 나의 공간 '심촌지도소 카페'이다. 우리 집에서 카페까지의 거리는 40분이 소요된다. 20평 공간에 들어서면 마음의 안락함은 200평 못지않다. 들어오는 입구부터 노란 전구 불빛이 나를 반긴다. 싱그러운 식물들은 앞다투어 내게 눈길 달라고 보챈다. 그저 사랑스럽다. 구석구석 소품들이 행여 서운해하지나 않을까, 먼지떨이로 세심하게 돌봐 준다. 인형들은 머리를 빗어 주고, 찻잔도 바라봐 준다. 메뉴에 어울리는 간식은 뭐가 좋을까 고민도 해 본다.

길거리 들꽃도 소품이 된다. 대추차에 이쁘게 띄워 드리기도 한다. "꽃도 먹는 거래?" 좋아하시면서 짓궂게 물어보는 손님들의 한마디가 그저 감사하다. 손님들에게도 아지트가 되었으면 하는 그런 소망을 갖게 된다.

오늘 소개한 나의 아지트는 나를 찾아가는 여정의 공간이다. 사람에게는 마음이 쉬고 충전할 아지트가 필요하다. 그래야 또 다가올 삶을 살아갈 적정한 온도를 찾을 수 있다.

박사 할까? 저자 될까?

교수. 한동안 내 마음 속에서 잊혔던 명예로운 직책이 다시 '빼꼼'하고 나타났다. 김○○ 교수님으로부터 온 전화에서 시작되었다. 교수님은 공무원 퇴직 후 교수직을 떠나, 천연 염색과 심리상담 센터를 운영하시며 여전히 유쾌하고 에너지 넘치는 분이다. "황 대표님, 교수 해 볼래요?" 그 두 단어에 내 목소리도 한층 높아졌다.

사실 나는 대학을 졸업하고 나서 교수의 직업을 꿈꿨다. 모교에서 지적이고 멋지게 교수로서 살아가는 모습을 그렸다. 내 나름대로는 차근차근 그 길을 걸어가고 있었다. 꿈을 이루기 위해, 공부가 필요했다. 그렇게 경북대학교 도시재생학과 박사 과정에 도전했다. 높은 경쟁률을 뚫고 들어갔지만 현실은 녹록지 않았다.

주중 3일 대구를 오가는 긴 왕복 일정, 저녁 늦게 시작하는 강의, 집에 돌아오면 새벽이 되었다. 중간에 졸리기라도 하면 차에서 잠을 청하는 날도 부지기수였다. 그러던 어느 날, 강의실에서 식은땀이 나고 현기증이 일며 쓰러져 버렸다. 방전이 된 것이다. 그런 날들이 반복되며 나는 점점 더 많은 고민을 하게 되었다.

낮에는 강의를 하고, 강의가 없는 날에는 카페지기를 하고, 저녁에는 요가 수업을 진행하며 하루를 보내는 내게 박사 과정은 너무도 큰 부담이었다. 박사 공부만 해도 쉽지 않은데 내 일상은 촘촘했다.

사실 몇 번 정도 복선이 있었다. 그럼에도 불구하고 깡다구가 있어서 버텼다. "하자, 하자." 하면서 말이다. 따스한 캠퍼스 벤치에 아메리카노를 테이크아웃하고 눈을 감았다. 그리고 내게 물었다.

"이대로 계속 나아가야 할까? 2년 동안 내가 원하는 대로 마칠 수 있을까?" 내가 이 길을 계속 가고 있는 이유는 내가 꿈꾸던 교수라는 직함을 얻기 위해서였다. 하지만 그 길이 내 몸과 마음을 고갈시키고 있다는 사실을 부인할 수 없었다. 게다가 팀 미션도 있으니 다른 학생들에게 피해를 줄 수 없었다.

그리하여 나는 가족회의를 열었다. 나의 고민타파 가족회의. 남편과 아들들, 모두가 나의 건강을 걱정하며 나에게 좋은 조언을 해주었다. 아들들은 내가 예전부터 책을 쓰고 싶어 했다는 것을 기억했다. "어머니, 책을 쓰세요. 보물 지도에도 있잖아요. 학교에서 학생들에게 지식을 전달하는 삶도 의미가 있지만, 책은 훨씬 더 많은 사람들에게 영향을 미칠 수 있어요. 확장성이 있잖아요." 내가 응급실에서 링거 투혼을 할 때, 세 명이서 걱정이 되어 많은 대화를 나눈 게 느껴졌다.

그 뒤에 이어지는 말은 더 감동을 안겨 주었다. "저는 가장 존경하는 사람이 어머니입니다. 그 어떤 CEO보다 작가보다 설득력 있는 성공 사례 스토리가 많으세요. 자기 계발 지침서 내시는 건 어떠세요?" 든든한 나의 가족. 결국, 나는 고민의 마침표를 찍었다. 박사보다는 저자라는 길을 선택하기로 마음을 먹은 것이다. 책 쓰기 역시 나의 오랜 버킷 리스트였다. 엄두가 안 나서 내딛고 있지 못했더랬다. 어쩌면 박사와 저자라는 두 마리 토끼를 다 잡고 싶어서 그랬는지도 모르겠다.

근래 나는 『오십에 읽는 순자』를 손에 들고 읽어 내려가고 있다. 곳곳에 와닿는 부분이 많다. 169페이지에는 "책 한 권을 쓰면 인생 후반이 보인다."라는 구절이 있다.

사람은 사람 구실을 제대로 하기 위해서 예를 지켜야 한다는 공자와 순자의 가르침처럼, 내 삶의 하프 타임에서 나는 내 경험과 이력을 바탕으로 내가 가진 강점을 강화하는 글을 써야 한다는 것을 깨닫게 되었다.

  책을 쓰는 것이 내 꿈이자, 나의 꿈이 다른 사람들의 꿈으로 퍼져 나가는 마법이 될 수 있다는 사실도 알게 되었다. 나는 이제 저자의 길을 걸을 것이다.

베스트셀러 작가 황도경 되기 프로젝트 땅땅땅

박사 VS 저자. 나는 그렇게 둘 사이에서 후자를 선택했다. 고민의 시간은 충분히 깊었다. 그렇다면? 실행의 시간은 짧아야만 한다. '생각대로 실행했나? 한두 달이 지났는데 여전히 생각과 말, 결심뿐인가?' 나에게 묻는다.

내가 선택한 저자의 길 첫 번째 스텝. 나는 '강원국 작가와 함께하는 글쓰기 전공 패키지 수업'을 선택했다. 학교 강의실이 아닌 온라인 수업이다. 수업 과정은 대략 이러했다.

> **1회차** 쓰기, 읽기, 듣기, 말하기로 굴러가는 사륜 글쓰기 → **2회차** 잘 쓰기 위해 기초 체력 훈련 → **3회차** 책 쓰는 방법 → **4회차** 출간기획서 피드백

4회차 수업을 들으면 들을수록, 내 꿈은 선명해졌다. 뿌연 안개처럼 다가왔던 '박사의 길'이었는데, '저자의 꿈'은 이상하게도 닿을 수 있을 것 같았다. 가족의 응원도 한몫했고, 내가 살아온 흔적들을 '글'로 남기고 싶었다.

2023년 5월 13일. 나는 안동역에서 서울행 KTX에 몸을 싣고 달렸다. 청량리역에 도착해서 다시 신길역에서 5호선 환승, 오목교 2번 출구로 나왔다. 도착지는 CBS 건물. 세상을 바꾸는 시간 15, 세바시 공개 강연회에 당첨되었다. 당첨 문자를 받은 날부터 설레던 15일가량의 시간이었다. 15분 강의를 듣기 위해 15일을 기다렸다. 그만큼 기대가 컸다.

강연의 주제는 '우리 모두 특별한 사람입니다.' 주제에 다시 한번 끄덕거렸다. 맞다. 난 아주 특별하기에 지금 여기에 있다.

언젠가부터 내 몸에 익힌 '시크릿' 기법도 사용했다. 바로 눈에 담기. 나는 세바시 강연장 구석구석을 눈에 담았다. 모니터 위치, 카메라 위치, 큐카드도 야무지게 챙겨 봤다. 왜냐? 나도 포토 존에서 강연을 하고 싶어서다.

구범준 대표님과 한 컷 인생 사진을 찍었다. 악수를 청하면서 한마디를 건넸다. "세바시 대학 5기생 황도경입니다. 강원국 작가와 함께하는 글쓰기 전공 패키지 수업을 듣고 있습니다. 꼭 출판하여 이 자리에서 강연하는 것이 저의 버킷 리스트입니다.", "밝은 에너지가 가득하시네요. 곧 뵙게 될 것 같은데요. 파이팅!" 됐다. 악수로 기운을 내 것으로 만들었으니 이제 잘 준비하는 것은 내 몫이다.

세바시 대학 5기 등록 + '강원국 작가와 함께하는 글쓰기 전공 패키지'
나는 강원국 작가님의 수업 소개 글에서 확신을 가지고 신청을 했다. 강원국 작가는 『대통령의 글쓰기』를 출간한 이래로 지금까지 1,000회가 넘는 글쓰기 강연을 진행하고 있다.

"저 강원국도 나이 쉰두 살에 첫 책을 쓰고 8년 동안 총 6권 책을 냈습니다. 다른 글을 쓰기 위해서는 그 어떤 훌륭한 글쓰기 방법보다 내가 나로서 나답게 사는 게 중요합니다. '어디 다니는 나, 어디에 소속된 나'가 아니라 '나'라는 자체를 보여 주고, 스스로의 존재 가치와 의미를 만들고 그것을 사람들과 나누며 살아가야 합니다. 이를 위해 필요한 것이 '책'입니다. 책을 통해 자신이 살면서 보고, 배우고, 읽고, 경험한 내용을 공유해야 합니다. 이런 과정에서 성찰하고 성장할 수 있습니다. 공허함 대신 충만함을 느낄 수 있습니다."

수업은 수요일 저녁 8시부터 10시까지 ZOOM LIVE로 진행되었다. 듣기만 하는 강의가 아닌 완벽하게 체화하는 실행 위주의 커리큘럼이라 마음에 들었다. 회차마다 주어지는 실습 과제는 '나만의 출간기획서'를 만들기 위한 과정으로 이루어져 있었다. 이 과정 마지막 회차에서는 교수의 샘플 피드백과 동료의 의견을 나누는 시간으로 진행된다. 서로 소통하면서 배울 수 있다는 점도 좋았다. 그동안의 우리는 일방 통행적인 수업에만 익숙하지 않았던가. 강사는 평생 강사를 하고, 청중은 평생 청중만 하는.

드디어 나의 차례. 교수님께서 피드백을 주셨다. 내 글의 장점은 본인의 스토리를 썼다는 점, 어려운 단어 없이 편안하다는 점 등이었다. 나의 입꼬리가 올라갔다. 과정을 모두 수료하고 출간기획서 투고를 하고, 선택이 되면 출판 제안을 받게 된다.

첫술에 배부르랴. 나는 그렇게 생각한다. 행복과 성공은 '생각의 길'에 따라 정해져 있다고. 부정적이고 소극적인 사고를 버리고 긍정적이고 적극적인 사고를 갖는다면 인생의 승리자가 된다. 미래는 '할 수 있다.'라는 신념으로 도전자의 몫이다. 그게 바로 '나!'

나는 그날 이후부터 다시 시작했다. 일상에서의 저자 되기 발상법을 실행했다. 시크릿 모드 풀가동. 꼭지 글을 쓴다, 일상에서 소재가 되는 것은 그때그때 메모를 한다, 1일 1다이어리 기록을 한다, 매월 1권의 책을 읽고, 글쓰기 멘토를 찾는다….

멘토 찾기도 신기하게 이루어졌다. 옆 동네에 살던 이소영 작가님. 차분한 음성을 가진 작가님은 내 얘기를 놓치지 않고 기억해 주셨다. 섬세한 청력을 가지셨나 보다.

나의 저자 되기 두 번째 수업은 그렇게 시작되었다. 난 보인다. 스승님과 나란히 출판 사인회 하는 모습이 그려진다. 배경 사진을 멋있게 하고 책상에 하얀 면포를 깔 것이다. 우리 아들들이 준 축하 꽃다발도 있겠지. 나의 첫 보물 책 몇 권도 위에 올려놓을 것이다. 옷도 이미 정했다. 큰 리본이 왼쪽에 있는 하얀 블라우스 정장을 입은 나. 펜을 잡고 연습한 사인을 할 것이다.

잠재의식은 참 중요한 것 같다. 내가 필요로 할 때 언어가 되어, 행동이 되기 때문이다. 그래서 나는 잠재의식을 놓치지 말고, 내 마음의 목소리를 들으라고 이야기하고 싶다. 나의 뇌가 춤을 추는 것을 온몸으로 알아차릴 수 있도록 말이다. 개똥철학이라고 해도 상관없다. 아니, 이미 '도경철학'이다.

4월 17일 월요일

[Web발신]
학우님, 월간 세바시 5월 강연회 당첨을 축하드립니다!

앞으로도 세바시대학에서 즐겁고 유익한 시간 보내시길 바랍니다. 5월에 뵙겠습니다 :)

▶일자 : 5월 9일 (화) 오후 3:00-5:00 (2시 30분까지 도착)
▶장소 : 세바시 스튜디오 (서울시 양천구 목동서로 159-1, CBS 2층)
▶주차 : 주차 지원이 불가하며, 근처 공영주차장 이용 부탁드립니다.

MMS
오전 10:07

황도경은 5기 세바시대학생입니다.
4월 17일 강연 당첨이 된 행운의 여신 황도경!!!
당첨 기운으로 한 달 잘 지낼 예정이랍니다.

뿌잉뿌잉

돈을 노려보지 않기로 했다

"현금·입금·지금!" 설 명절 연휴가 시작되는 오늘, 설날의 유행어를 되뇌어 본다. 돈을 싫어하고 마다하는 사람이 있을까. 입가에 미소가 번진다. 이렇게 소소한 유머를 즐길 수 있는 나 자신이 좋다. 지갑을 열어 아들과 조카에게 줄 세뱃돈을 가지런히 정리했다.

인터넷에서 봤다. 어느 누군가는 지갑에 돈을 넣을 때도 늘 앞뒤 통일해서 자리 배치를 한다고. 아껴 주는 마음에서란다. 끄덕끄덕. 공감이 간다. 잠시 돈에 대해 생각해 보았다. 한때 나는 이 돈이라는 존재에 얽매여 마음고생을 많이 했다. 나에게는 도무지 육안으로 잡히지 않아서, 늘 막막했다.

예쁜 20대 시절, 나는 단 한 번도 여행을 떠나지 않았다. 여행에는 돈이 드니까. 오직 '돈을 모아야 한다.'라는 생각 하나로 움켜쥐고 또 움켜쥐었다. 적금 통장은 8개, 남은 돈 10만 원으로 한 달을 버렸다. 먹고 싶은 것을 참았고, 사고 싶은 것도 포기했다. 그때 내가 돈을 보는 태도는 노려보거나, 쏘아보는 식이었다. 그렇게 과거의 나는 늘 '돈, 돈, 돈'을 외치며 살았다.

신기한 건, 그럴수록 돈은 빠져나갔다. 사기도 당해 보았다. 20대에 있었던 일인데, 한 병원 환자가 말을 현란하게 잘해서 의료진 분들이 다 그분에게 투자를 했다. 나도 얼떨결에 남들 따라 했다. 결과는? 모두 돈을 잃었다. 그 이후로 나는 주식이니 투기니 비슷한 류에는 눈 한번 안 돌렸다. 그저 묵묵하게 모았다. 그렇다고 초연했다는 건 아니다.

그러던 내가 변하기 시작한 것은 불과 몇 년 전의 일이다. 2019년 11월, 나는 오랜 고민 끝에 70평 사무실을 정리하고 '심촌지도소' 카페를 열었다. 그동안 아등바등 달려온 나에게 '여유'를 선물하기로 했다. 때로는 맛있는 점심도 선물하고, 여행도 떠나고 그리고 처음으로 내 자신에게 귀걸이를 선물했다. 립스틱도 사고, 향수도 샀다. 물론 한꺼번에 다 사지는 않았다. 책 한 권을 읽거나, 대규모 강연을 성공적으로 마쳤을 때, 그럴 때마다 나를 위한 작은 보상을 하는 식이었다.

아주 조금씩 마음의 여유가 생기던 나날, 『더 해빙』이라는 책을 만났다. 이 책을 통해 나는 깨달았다.

물질적 풍요를 원하는가? 정신적 풍요를 원하는가?
아니 질문을 다시 해야 한다.
물질적 풍요가 먼저인가? 정신적 풍요가 먼저인가?

'아하!' 왜 그렇게 돈이 모이지 않았는지 알게 되었다. 원래 생활고였던 가정 환경, 어린 시절도 있었지만 나의 뿌리 깊은 정신적 빈곤이 경제적 빈곤을 만든 것이었다. "부자여서 마음이 편안한 것이 아니라, 돈에 대해 가지고 있는 편안한 마음이 우리를 부자로 이끈다." 나는 물질적 풍요를 원하면서도 늘 부족함에 초점을 맞추고 있었다. 정신적 빈곤이 결국 경제적 빈곤을 불러왔던 것이다.

경북 예천군 용개로 1009번지 심촌지도소 사무실 카페. 이 장소는 나의 '편안한' 안락의자가 되어 주었다. 편안한 심리에서 '돈'을 바라보는 나의 시선도 편안해졌으며, '돈'을 보관하는 나의 습관에도 가지런히 그림을 맞추는 식으로 변했다. 마음속으로 '나에게 와 주어 고맙다. 이쁘구나.' 하며 속삭였다. 수단으로서의 '돈'이 아닌, 함께 가야 할 동반자로 느껴졌다.

『더 해빙』(이서윤, 홍주연 지음)에서 마음에 드는 구절이 정말 많다. 계속 밑줄을 그어도 부족하지만, 함께 나누고 싶은 문장을 추려 보았다.

"Having의 핵심은 편안함이에요. 부자여서 마음이 편안한 것이 아니라 돈에 대해 가지고 있는 편안한 마음이 우리를 부자로 이끌어요."(p.94)

"없음에서 있음으로 초점을 옮기자. 해빙은 돈을 쓰는 이 순간 가지고 있음을 충만하게 느끼는 것이다. 미래형이 아닌 현재진행형인 것이다. 돈이 있는 것을 느끼고 그 감정에 머문다. 기쁘다, 즐겁다."(p.94)

그리고 이러한 책과 비슷한 결을 지닌 메시지도 세상에는 많다. "큰돈을 품으려면 돈에 대한 마음 그릇부터 키워야 한다."라고 강조하는 자산가도 있으며, "고마움을 느낀 사람은 당신을 위해 늘 어떤 일을 해 주고 싶어 하며, 그것이 돈이라는 모습으로 나타난다. 결국 돈이 여기저기서 들어오는 것"이라는 이도 있다.

전자는 『돈은 사람의 마음을 어떻게 움직이는가』를 쓴 최성락이라는 분이, 후자는 일본의 저명한 경영 전문 컨설턴트인 하마구치 나오타 씨가 『돈이 당신에게 말하는 것들』에서 언급했다.

사실 나는 그 어느 때보다도 돈이 부족한 시기다. 왜냐하면, 한창 대학생인 아들이 있어서다. 아이는 서울에서 자취를 한다. 사교육을 크게 안 했던 초중고 시기보다 더 많이 든다. 그래도 나는 더 이상 돈을 노려보지 않는다.

　이제 나는 '풍요 속의 풍요'를 살아간다. 내면이 편안해지니 삶이 풍요로워지고, 내 삶이 풍요로워지니 주변도 함께 넉넉해진다. 내가 편안해야 세상이 편안하고, 내가 행복해야 세상도 행복하다. 모든 것은 결국 내 안에서부터 시작된다.

　보석함을 연다. 오늘의 의상과 어울리는 귀걸이, 반지, 목걸이를 거울 앞에서 비춰 본다. 이 작은 장신구들이 나를 더 환하고 빛나게 해 줄 것이고, 오늘의 강의를 더욱 멋지게 만들어 줄 것이다. 내 곁에 있는 모든 것들이 나를 아름답게 가꾸어 준다.

　내 주변을 둘러보자. 아니 화장대로 가 보자. 나와 함께 하는 작거나 크거나 할 것 없이 나에게 소중한 소품들이 나를 적재적소 딱 맞는 이미지로 이끌어 줄 것이다. 풍요 속의 풍요. 내면적 편안한 풍요가 나의 삶 전반에 풍요로 안내할 것이다.

작전상 후퇴를 선언한다

경남 산청군 단성면 지리산대로 2919번길 7-17. 주소를 찍고 달려 도착했다. 주차를 해 놓고 둘러보았다. 도시의 번잡함에서 벗어나, 조용히 쉴 수 있는 공간 하나를 발견한 듯하다. 찾아온 수고를 보상받는 느낌도 든다.

고풍스러운 한옥. 시선을 처마 아래로 내리니 주렁주렁 달린 곶감이 보인다. 바람이 오고 가며 더 달콤한 맛을 만들어 내겠지. 다소곳이 놓인 꽃고무신도 정겹다. 위엄이 없다. 자연은 자연 그대로 편안하다. 나무와 돌, 하늘, 꽃, 새…. 고즈넉함 그 자체로도 숨통이 트인다. 아들 녀석의 표정도 한결 편안해졌다. 부모는 직감으로 알 수 있다.

이곳은 바로 다함한의원. 경남 산청 지리산 자락에 자리하고 있다. 산청은 지금 전국 제일가는 한방 약초의 고장이다. 산청군은 한

방 테마파크를 조성해 동의보감촌을 운영 중이다. 이 일대에서 매년 한방 약초 축제가 열린다고도 한다.

  금쪽같은 내 새끼 첫째 아들과 힐링 겸 대화 시간도 가질 겸 해서 물어물어 알아냈다. 나도 맏이인지라 맏이의 부담감을 다소 이해한다고 할까. 우리 아들은 큰 말썽 없이 자랐다. 어쩌면 그렇기에 짠하기도 했다. 20여 년 넘게 계획을 잘 세워서 걸어오던 아들이 성인 길에 들어서는 길목, 정신적 홍역이 찾아왔다.

  나도 엄마인지라 나름 생각이 많아졌다.
  '본인이 원한 대학에서 하향 지원한 것이 스스로를 평가한 기준이 된 것일까?'
  '군 입대 후 귀가 조치된 본인을 보면서 자책하는 것일까?'
  '그 공백 시간을 서둘러서 공무원 시험 준비를 한 1년 기간이 버거웠던 것일까?'

  한의원에 오기 전, 있었던 일을 회상해 본다. 공무원 시험을 일주일을 앞두고 연락이 되지 않은 어느 아침이었다. 마음이 편하지 않은 나는 열일 미루고 아들에게 갔다. 고시원 원룸에서 아들을 마주한 나는 온몸이 소스라쳤다. 초점 없는 눈, 기력 없는 몸짓. 내가 알던 아들의 모습이 아니었다. 아들 손을 꼭 잡고 안동으로 내려왔다. 말없이 잠만 자고 있는 아들을 지켜보았다. 잠에서 깬 아들이 내뱉던 말, "저, 이번 시험 안 보고 싶어요."

남편은 한숨을 내쉬었다. 그러고는 뭔가 아들에게 말하려고 했는데, 내가 눈빛으로 멈추라고 표현했다. 아들의 말에 수긍해 주고 싶었다. 부자는 다시 고시원에 갔다. 짐을 싸러 가기 위해서였다. 동행한 남편에게 전화가 왔다. 남편 목소리가 떨리고 있었다.

"내가 잘못했네. 자기 생각이 맞네. 여기 물건 가져갈 게 없어. 별로 챙길 게 없네. 다 버리고 간다. 왜 짐 싸러 보냈는지 알겠네. 알았어. 고맙다."

아들의 고시원 원룸 상태는 말이 아니었다. 입구부터 지하의 곰팡이 냄새가 진동을 했다. 베개와 이불, 공부하는 책, 욕실 물건들 모두 곰팡이로 뒤덮여 있었다. 이런 환경에서 잘될 수가 없다. 지루성 뾰루지가 올라온 머리, 피부마저 긁어서 엉망이었다.

나도 반성했다. 잘 챙기지 못했기 때문이다. 착하고 성실하고 모범적으로 20년 넘게 살아온 아들은 부모 부담을 덜어 준다면서 시설이 안 좋은 반지하 고시원에서 1년을 살았다.

투자한 시간과 돈이 있으니, 아쉬울 수도 있다. 그러나 우리 가족은 결단을 했다. 멈추기로. 스톱. '이번 한 번만 보자.'라는 여지의 선택도 없었다. 여기서 끝. 그 판단이 난 아들을 살려 낸 것이라고 생각하고 있다.

　그래서 다함한의원을 찾았다. 아들과 많은 얘기를 나누려고 먼 길 여행 삼아 간 것이다. 한의원 입구에 있는 모닥불 화로. 불멍의 시간이 필요했다. 예약한 아들의 진료 시간이 되었다. 처음에는 아들만 들어갔다. 이런 한의원을 가 본 적이 있는가. 한의원은 하루에 환자를 한정적으로 받는다. 원장님의 의료 철학을 엿볼 수 있다. 「인간극장」 등 여러 매체에 나온 분이지만, 쇼 닥터가 아니다. 정말 온 마음을 다하신다. 원장님 본인도 친정어머니가 아프셔서 고쳐 주고 싶어 한의사가 되었다고 한다. 예약할 때, 나는 고해성사하듯 원장님께 사연을 얘기했다. 그래도 가슴이 두근거렸다. 그렇게 2시간이 꼬박 흘렀다. 그제야 원장님께서 나를 부르셨다. "진료실로 들어오세요."

　그러곤 나에게 말씀하셨다. "아드님, 총명하고 착하고 성실하며 큰일을 하게 될 아들입니다. 하나 지금 상태는 모든 것이 소진된 상태입니다. 짧게는 6개월, 길게는 1년 이상을 치료에 매진해야 합니다. 처방은 말입니다, 쉬고 쉬고 또 쉬는 것입니다. 본인 몸에게 '지금은 휴식 중'임을 알려야 합니다. '작전상 후퇴'를 선택해야 아들과 행복할 수 있습니다."

　옆에 앉아 있던 아들 손을 꼭 잡았다. '작전상 후퇴'라는 말을 가슴에 새겼다. 아들과 드라이브 길에 이야기했던 말들이 정리되었다. 한마디로 원장 선생님의 요점 정리라고나 할까. 별표 다섯 개. 아들은 인생 상담을 해 주셨다며, 감동을 받은 기색이었다. 나지막한 음성, 희끗희끗 머리를 뒤로 묶으셨고, 개량 한복을 입은 모습인 원장님은 편안함의 정석이었다.

아들은 그렇게 하향 지원한 대학교에서 또래 친구들과 캠퍼스를 즐기는 것을 선택했다. 우리 부부가 부탁한 것은 절대 공부하지 않기였다. 그냥 즐기기, 무조건 쉬기. MT, 미팅 다 해 보기였다.

다시 아들의 방을 구하러 갔다. 남향에 햇빛 잘 드는 곳, 화장실과 집에 곰팡이 확인하고, 환기 잘되는 곳으로 동아대학교 근처 오피스텔을 계약했다. 학교에 가기 전에 쇼핑도 했다. 아울렛이 아닌 백화점에서 옷과 신발, 가방을 사 줬다. 좋은 옷을 입고 탈바꿈한 아들은 자존감이 올라가는 듯했다.

그렇게 학교생활을 시작한 아들은 누구보다도 적응을 잘했다. 공부하지 말라고 부탁했거늘, 장학금도 놓치지 않고 있다. 인기도 있는 모양이다. 여자 친구도 있다. 감사하고 감사하다. '작전상 후퇴'는 탁월한 선택이었다. 얽힌 실타래가 풀렸다. 지금은 카투사보다 가기 힘들다는 공군에 입대해서 군 복무를 잘하고 있다. 자격증 시험도 한 달에 두 번가량 보는 것 같다.

아들이 얘기한다. "다함한의원 원장님 찾아뵙고 싶어요. 덕분에 저, 잘 지내고 있어요." 이렇게 인사드리고 싶다고 말이다.

한의원에서 프린트한 종이에는 『동의보감 내경편』이 있었다. 내경편은 동의보감의 세계관과 인체관을 보여 준다고 한다. 의학적 지식은 없지만, 읽다 보니 수긍이 간다.

질병을 다스리고자 한다면 먼저 마음을 다스리십시오.
마음속에서 모든 의심, 염려, 일체 헛된 생각, 불평, 불별을 내려놓으시고,
평생을 돌이켜 보며 용서하고 용서받으십시오.
몸과 마음이 내려놓아지면,
나의 바람이 하늘의 뜻과 일치하게 됩니다.
내려놓음과 참회를 꾸준히 지속하게 되면,
자연히 마음이 평안해지고 화평하게 됩니다.
그리하면 정신이 맑아져 이치를 알게 되니,
세상 모든 일들이 본래 한바탕 꿈이며,
행복과 불행이 따로 있지 않고,
삶과 죽음이 환상에 불과함을 깨닫습니다.
마음이 자연히 맑고 담담하게 되며 질병은 스스로 물러나게 됩니다.
이와 같다면 약을 굳이 먹지 않아도 병이 낫게 됩니다.

이것이 참으로 지혜로운 사람이 올바른 생각으로
마음을 다스리고 병을 낫게 하는 치료의 참된 법입니다.

— 『동의보감: 내경편』(허준)

엄마 셀프 인터뷰!

1. 아들이 시험 준비를 포기하고 싶다고 했을 때, 부모로서 어떤 감정을 느꼈나요?

둘째가 8년 동안 병원에서 생사를 오갔고, 친정 엄마도 코로나19 때 근무력증을 겪으며 1년가량을 케어해 드렸다. 나 역시 건강이 좋지 않아 요가, 명상, 걷기, 웃음치료를 하며 살아갔다. 그런데 성실하고 책임감 강한 아들이 그 말을 했다. 얼마나 힘들었으면…. 엄마, 아빠의 마음을 누구보다 잘 아는 아이인데. 아들의 마음에 상처가 깊었을 거란 생각에 가슴이 아프고 미안했다.

2. 아들이 쉬면서 어떤 변화를 경험했나요?

무조건 쉬라고 했다. '쉼'이 꼭 필요하다고 느꼈다. 아이에게도 어른에게도 필요한 게 바로 쉼이다. 아들은 그동안 얼마나 버거웠을까. 좋아하는 걸 해 보라고 했다. 수영을 배우더니 생존 수영 강사 자격증까지 땄다. 자존감과 자신감이 자랐다.

– 추천한 책

데일 카네기 『인간관계론』, 『자기관리론』
이요셉, 김채송화 『나만 나처럼 살 수 있다』

3. 부모의 기대와 자녀의 삶 사이에서 균형을 맞추려면?

대화가 답이다. 우리 가족은 작은 일도 가족회의를 한다. 중요한 결정도 함께 논의한다. 그래서인지 고민이 생기면 혼자 끙끙 앓기보다 서로 생각을 나눈다. 부모도 내 마음을 잘 모를 때가 있다. 열 달 품었다고 아이를 다 알 수 있을까? 나도 스스로와 대화하며 내면의 소리에 귀 기울인다. 식사 시간, 차 마시는 시간 이런 순간들이 가족을 알아가는 시간이다.

4. 같은 고민을 가진 부모들에게 해 주고 싶은 조언이 있다면?

자식은 자식이고, 나는 나다. 서로 독립된 인격체로 존중하며 대화의 시간을 많이 가져야 한다. 하루 한 끼라도 식탁에 둘러앉아 함께 밥을 먹자. 우리 가족은 아들들이 대학 가기 전까지 매일 아침 7시에 함께 식사했다. 그 시간에 아이들의 컨디션, 표정, 학교생활, 친구 관계 등을 자연스럽게 나눴다.

5. 대표님의 삶에서 '작전상 후퇴'가 있었나요?

내 인생은 전력 질주였다. 코로나19 이전까지는. 하지만 코로나19는 나에게 '안식년'이 됐다. 멈추고 나서야 나를 찾았다. 이제는 걸어가려 한다. 길가의 꽃을 보고, 개울물 소리를 듣고, 바람을 느끼고, 하늘을 보며. 남은 인생, 슬로우 슬로우 킥킥!

'작전상 후퇴를 선언한다' 후속: 조건 없이 꽃은 핀다

　미국의 사상가 헨리 데이비드 소로(1817~1862). 하버드를 졸업한 소로는 27살에 숲으로 들어간다. 콩코드 주 월든 호숫가, 그곳에서 통나무집을 짓고 2년 반 동안 자급자족 생활을 하며 책 『월든』을 썼다. 그는 부와 명성을 좇는 대신 농사를 짓고, 고기를 잡으며 자급자족하는 삶을 선택했다. 그는 말한다. "나는 삶이 아닌 삶은 살고 싶지 않았다."라고.

　다함한의원에서 나는 소로를 떠올렸다. 남들과 다르게 사는 삶. 그러나 제대로 된 삶. 매스컴의 주목도 받았겠다, 강남 한복판에서 운영을 할 수도 있었다. 그렇지만, 그 길을 선택하지 않았다. 환자의 이야기를 오롯이 다 들어 주며, 진정한 치유의 길을 함께 모색하는 의료인. 번아웃이 왔던 아들은 한의원장의 조언에 따라 영혼이 움직였다. 진정한 쉼을 택했다. 우리나라는 수능 입시부터 너무 치열해서 '쉼'을 택하면 도태되는 줄 안다. 그러나 때로는 정말 쉼이 필요할 때가 있다. 안식년이라는 제도도 그래서 있는 것이다. 안식년은 경작을 멈추어 땅을 포함한 모든 것을 살리는 때다. 나 역시 코로나 때 강의를 쉬면서 많은 충전을 했다. 봉인의 시간은 창조의 시간으로 피어난다.

아마 이곳을 오고 간 사람들은 다 비슷한 마음이었으리라. 첫째 아들은 3년이 지났음에도 불구하고, 다함한의원에 가고 싶다고 했다. 인사를 하고 싶다는 것이다. 공군에서 복무 중이라 휴가를 나왔는데, 그 틈에 가기로 했다. 새벽 5시, 알람이 울리기도 전, 기상을 했다. 자동 반사적으로. 아들을 사랑하는 마음에서 일어나는 작동 시스템일 테다. 카레가 먹고 싶다길래 재료 손질을 하고 밥상을 차렸다. "맛있어요." 노래 부르는 아들의 모습에 흐뭇했다. 설거지는 본인이 하겠다는 아들. 아들은 3년 만에 한의원을 다시 찾았다. "안녕하세요." 미소를 가득 담고 아들이 인사를 했다. "상민 군, 좋아 보이네요. 다행이네요." 원장님도 기억을 하고 있으셨다.

우리는 원장님의 삶의 철학을 들었다. 그 '가치'를 깊게 음미했다. 지금을 온전히 느끼는 것, 자기를 탐험하는 것 그리고 자기 자신에 대한 가치를 스스로 알아 가는 것. "조건 없이 꽃은 핍니다."

'조건 없이 꽃은 핀다.'라는 말은 어떤 조건이나 상황에 관계없이 자연스럽게 꽃이 피듯이, 사람이나 일의 결과가 주어진 환경이

나 제약 없이 나타난다는 의미로 해석할 수 있다. 이 표현은 흔히 순수하고, 시시콜콜 따지는 조건 없이도 좋은 일이 일어난다는 긍정적인 의미다. 또한, 자연의 섭리나 인생의 흐름 속에서 일어나는 일들이 종종 그 자체로 의미를 가지고 있다는 메시지를 담고 있다.

아들이 곰팡이 있는 고시원 생활을 했던 것, 에너지가 소진되었던 것, 대학교 생활을 한 것 모두 하나하나 의미가 있다는 메시지인 것이다. 그 과정을 음미하며 이제 지금의 나로 잘 살아가면 된다. 흔들리면서도 다시 또 자기중심을 찾아가면 된다. 귀한 1시간을 온전히 우리에게 내어주신 원장님께 감사했다.

아들이 말했다. "편안한 울림 안고 가는 것 같네요. 원장님을 뵈면 참 편안해져요. 마음이 따뜻해지는 것 같아요. 참 좋아요, 이 느낌." 나 역시 미소로 화답했다. 같은 마음이었으니까.

봄이 오고 있다. 심촌지도소 카페는 목련꽃이 제일 먼저 따스한 봄의 기운을 알려 주고 있다. 첫째 아들과 우리 가정에 봄을 안겨 준 곳, 경남 산청 다함한의원. 나도 누군가에게 봄처럼 스며들고 싶다.

차 한 잔, 인생 학교

"사람이 온다는 건/실은 어마어마한 일이다"로 유명한 정현종 시인의 「방문객」이란 시가 있다.

이 시를 읽으면 읽을수록, 고개를 끄덕이게 된다. 공감이 팍팍 간다. 심촌지도소 카페지기가 된 후로 '손님'을 많이 만나게 되었다. 강의 현장에서 만나는 '청중'과는 또 다르다.

시골 카페이지만, 인생을 배운다. 손님이 온다는 건 내게 배움 그 자체를 안겨 준다. 동시에 나는 어떻게 살 것인가, 어떤 태도로 세상을 바라볼 것인가에 대해 생각하게 된다.

오늘은 기억에 남은 손님에 대해 글을 써 보려고 한다. 하루는 공무원인 A 손님이 오셨다. 백향과를 주문하시고 통화를 하셨다.

"방 있어요? 예? 5시에 나온다고요?"
"방 있어요? 7시는 돼야 된다고요?"
"방 있어요…?"
'방 찾기'를 계속 하던 A 손님. 점점 다급해 보였다.

옆 테이블 손님에게 대추차 4잔을 들고 갔더니, 나지막이 말씀하신다.
"아고, 세상에 요즘엔 대낮에 저래 대놓고 방을 구하네. 넉살도 좋네."

나는 A 손님 테이블에 강정을 서비스로 드리면서 말을 건넸다.
"○○ 님, 방을 구하시네요." 나는 조금 높은 톤으로 물어보았다.
"요즈음 스크린 방 미리 예약해야 해. 방이 없다니깐. 도경 씬 골프 안 하지?"
"네…. 구기 종목은 흥미가 안 생기네요." 옆 테이블에선 '아~' 하는 반응이다.

그러니까 옆 테이블은 A 손님이 모텔이나 호텔방을 찾는 것으로 오해한 것이었다. 나는 여기에서 자기의 생각만큼 보이는 편견과 선입견을 생각했다. 나를 이해하고 타인을 이해하는 그릇이랄까.

세상에는 다양한 분야의 시선, 다양한 사람의 이해가 필요하다.

우물 안에서 바깥세상을 보는 개구리의 시야에서 우리는 다양한 경험과 사람들의 관계에서 이해를 알아 가야 한다.

　오해와 오해가 더해지면 갈등이 된다. 이해와 이해가 더해지면 사랑이 된다. 소통 강의를 들어갈 때면 꼭 하는 문구이다. 네 분의 손님들이 나와 A 손님의 대화를 듣지 못하고 가셨으면 그들의 생각대로 오해할 것이 아닌가!

　'~카더라, ~거 봐, ~있잖아 저 사람 있지~' 등 타인에 대한 속 넓은 관심을 먼저 자신에게 돌려야 한다. 타인을 판단하는 수준이 자기 자신의 인격임을 명심한다. 초등학교 수업 과목에서 인성 과목이 필요하다고 보는 이유다.

　이번에는 B 손님이 떠오른다. 제네시스 차주분이었던 손님. 손에 무언가를 들고 들어오시는 50대 후반으로 보이는 남자 손님이었다.
　"어이, 이 집에서 제일 잘하는 게 뭐여?"
　"커피류를 즐겨 드실까요? 과일주스류를 좋아하실까요?"
　"커피죠."

　우리 마을은 풋고추 농가가 많다. 그로 인해 농가 한 해 수입도 꽤나 좋은 편이다. 제네시스 차주와 약속된 분이 작목반 회장님이셨다. 둘이서 대화가 오고 갔다. 제네시스 차주는 또 나를 호출했다.

"어이, 메모할 것 줘 봐."
"여기 있습니다."

한 시간 반 정도 얘기가 끝나고 나는 머문 자리를 정리했다. 이게 웬일! 메모지를 찾더니, 그 잠깐의 시간을 기다리지 못한 제네시스 차주는 테이블에 선명하게 핸드폰 번호와 주소를 남겨 놓았다. 이 손님은 내게 또 다른 강의안을 주고 갔다.

당신은 무엇을 느꼈는가. 나는 말은 타인에게 본인을 소개하는 명함이라고 생각한다. 명함 속 프로필을 보기도 전에 첫인사, 말투에서 본인을 소개하지 않았는가. 종이 명함과 별개로 귀한 자신의 인사말 명함도 만들어야 한다. 나에 대한 첫인상을 좋게 남기기 위한 명함 예절도 익혀야 한다. 명함은 나를 표현하는 얼굴이며, 상대방의 명함 역시 그의 얼굴이다. 나는 늘 느낀다. 벼는 익을수록 고개를 숙인다는 것을.

반대로 우리 지역에 존경하는 회장님이 있다. 개포문화원 이세명 회장님. 점잖은 표정과 늘 정돈된 모습으로 회원분 의견을 들어 주신다. 손녀뻘인 나에게도 존댓말로 대화를 건넨다.
"황 선생님, 오늘은 황 선생님이 추천하는 건강한 차 마시고 싶네요." 이렇게 말이다. 차를 내어드리면 "감사합니다."라고 말하시는데, 꼭 내가 환대를 받는 기분이 든다. 마음에 온기가 찬다.

'존경받는 사람'은 여러 가지 특성을 가질 수 있는데, 일반적으로는 타인에게 긍정적인 영향을 미치고, 도덕적으로 높은 기준을 유지하며, 자신의 행동에 책임을 지는 사람이라 본다. 정직하고 배려심이 깊고, 어려운 상황에서도 다를 사람을 돕고자 하는 마음이 있는 사람이다. 다른 사람을 '존경'하면 본인에게는 '존중'으로 되돌아온다.

이 책을 쓰면서 이런저런 자료들을 찾아보고 있다. '인생 학교' 수강을 하는 기분이 든다. 재미난 기사를 찾았다.

"진상손님도 얘깃거리… 책 쓰는 택시기사"(동아일보) 기사 제목이다. 『어느 지독한 택시기사의 이야기』를 쓴 이창우 씨. 책은 저자가 운전을 하면서 겪은 에피소드와 경험을 모은 내용이 가득하다.

그리고 또 하나의 비슷한 사례가 있다. "여행 한 번 못 갔지만 여기가 천국… 손님에게 인생 배웠죠"(조선일보)는 『인생학교 램랜드』를 출간한 임헌순 씨의 기사 제목이다. 임헌순 씨는 이렇게 말했다. "저한테는 손님이 전부예요. 인생의 모든 걸 가르쳐 줬어요."

택시 안, 식당 안 그리고 카페(심촌지도소) 안! 모두 어떠한 공간 안에서 만난 인생길의 깨달음이다. 우리 모두 만나는 사람들은 제각각 달랐을지라도, 깨달음의 지점은 어딘가 비슷하지 않았을까.

엄마를 위한 딸의 자연 처방전

햇살과 물결과 금모래가 아름다운 무늬를 만들고 있었다. 자연이 말해 주는 듯했다. 삶은 흘러가는 거라고. 그해, 엄마와 함께 걷고 또 걸었던 내성천 산책은 참 평화로웠다. 물론 중간중간 잔소리도 잊지 않았다. "엄마, 어깨 살짝 더 뒤로 제쳐 보자. 펴고."

코로나19 위기가 뒤덮이던 시기, 친정 엄마에게 위기가 찾아왔다. 병명은 근무력증. 근육의 힘이 일시적으로 빠지는 질환이다. 강남성모병원 교수님께서 최악의 상황을 진단해 주셨다. 엄마는 망연자실하셨다. 당장 내일이라도 잘못되실 듯 무너지는 표정을 지으셨다.

'출가'라는 단어가 있다. 어떠한 큰 결심을 했을 때, "절에 들어간다."라고도 한다. 세속과 거리를 두는 느낌이다. 나는 그때 다짐했다. 엄마와 24시간을 보내자! 친정으로의 출가. 왜냐? 나는 자연 치유사다. 우리 아들을 비롯해 가족 사례로 확신을 하면서 오랜 시간을 살아왔으니까.

먼저 남편에게 얘기를 하고 캐리어에 옷을 담았다. 엄마와 취침부터 음식, 운동, 마음챙김 등 모든 것을 자연스럽게 할 생각이었다. 강박증이 오지 않게 일상을 보내듯이 말이다.

'음양탕'부터 시작했다. 먼저 뜨거운 물을 받고, 찬물로 나머지 반을 채워서 냉기와 온기가 섞인 음양탕 한 컵을 마시는 거다. 물을 마시면서 정화되는 기운을 얻는다. 그런 다음에는 옷을 입고 걷기 명상을 하러 간다. 그렇게 우리 모녀는 내성천 강변을 거닐었다.

"엄마, 허리 펴고, 정면 보고, 아랫배 힘주고, 살짝 무릎이 스친다는 느낌으로 보폭 크게 걷자. 중요한 거 입꼬리 올리고 웃음을 띠고."

"엄마, 빠른 걸음보다 자세를 바르게 해야 허리 힘이 생겨. 다시 아랫배 힘주고 무릎 스치듯이."

중간중간 텀블러에 담긴 물도 한 모금씩 마셔 주었다. 내성천을 비롯해 엄마 집과 동네, 개포초등학교 운동장 등을 걷고 걸었다. 1시간 30분이 휙 지나갔다.

'근육에 힘이 없네.'가 아니라, '나는 걷고 있다. 건강하게, 씩씩하게, 그것도 웃으면서.' 이렇게 내 자신이 오히려 근육에게 가르치는 거다. 이것이 내 방식이다. 근육에게 최면을 걸고 내가 내 몸을 통제하는 것이다. 그러면 자존감도 올라간다.

엄마의 식습관을 바꾸는 것도 쉽지는 않았다. 엄마는 정통 한식파인데, 짜고 매운 것뿐 아니라 하얀 쌀밥도 정말 좋아하신다. 그런데 이게 건강에 좋은 게 아니다.

"엄마, 음식이 약이야. 정말로. 지금부터 먹는 것은 세계에서 유일한 명약이라고 생각하고 드셔요."

새로운 반찬을 선보여야 했다. 주방 앞에 섰다. 두부와 토마토, 계란을 볶았다. 기름을 두르지 않고. 볶은 후에 올리브유 드레싱 또는 들기름을 올렸다. 엄마는 감사하게도 잘 드셨다. 점심은 샤브샤브식으로도 먹어 봤다. 야채를 끓는 물에 살짝 데친다는 느낌으로. 버섯과 배추, 두부, 샤브용 소고기를 간장에 찍어 드시게 했다. 점심만이라도 간을 해야 스트레스를 안 받으실 듯했다.

그런 생각도 들었다. 여태껏 식당 운영하며 딸 둘 키우랴, 지친 몸이 이제야 반응하는 걸 수도 있다고. 엄마도 내가 힘들 때 지원자가 되어 주셨으니, 나도 기꺼이 보답해야겠다고 다짐했다.

근무력증도 있지만, 사시각도 커서서 엄마의 발목이 묶이셨다. 운영 중이던 식당도 잠정 중단하고, 엄마를 모시고 다녀 보기로 했다. 내가 강의 있는 날, 엄마가 제일 앞줄에 앉는 셈이다.

강의 현장의 공통점은 늘 뒷좌석부터 야무지게 채워진다는 것이다. 여유 있는 앞자리에 앉은 엄마는 청강생분들과 함께 웃고 박수 치고 노래를 부르셨다. 끝날 무렵, 나는 그 강의장을 눈물바다로 만들어 버렸다.

"지금 여기 저희 친정 엄마가 와 계십니다. 근무력증 진단을 받으시고 전 지금 엄마를 치료 중입니다. 오늘 이 강의가 엄마에겐 2시간 약 처방인 겁니다. 감사합니다. 사시가 심하셔서 선글라스를 쓰고 계셔요. 양해 부탁드립니다." 모두 일어서서 격려의 박수를 치면서 크게 외쳐 주셨다.

"곧 나을 겁니다."
"그럼요."
엄마도 "감사합니다."라고 답례를 했다. 그러곤 덧붙이셨다.

"모두 감사합니다. 전 딸이 이렇게 두 시간 동안 힘들게 강의하는지 오늘 처음 알았습니다. 딸이 이렇게 일하네요. 참 좋은 일 하네요. 내 딸이… 이렇게 웃으니 금방 나을 것 같네요. 감사합니다."

갑자기 효녀가 된 듯했다. 집으로 와서는 아주 가볍게 저녁 식사를 했다. 현미 반 공기와 오색 반찬을 예쁜 접시에 담아 귀하게 대접하는 것이다. 지금도 엄마는 혼자 밥 먹을 때, 나에게 사진을 찍어 보내 주셔야 한다. 엄마의 숙제!

나를 데리고 경영하는 것도 중요하지만, 주변을 챙기는 것도 더없이 소중하다. 모두가 함께 가는 것이다. 다음에 또 언급하겠지만, 지금 나 역시 몸이 안 좋을 때가 있다. 이석증과 메니에르 진단도 받은 적도 있다. 웃음치료 강사라고, 요가 강사라고 늘 건강이 좋은 게 아니다. 다만, '아프다'고 체념하고 다 놓고 있는 게 아니라, 점검해 보고, 그 시점부터 다시 챙겨 보는 것이다. 다시 걸어 보는 것이다. 그것이 내 방식이다.

아프리카의 어느 부족은 아침에 잠에서 깨면 노래를 부르고 그 노래에 맞춰 춤을 추며 하루를 시작한다. 부족 중 한 명이 몸이 아프거나 의기소침해지면 부족의 치료사가 찾아가 맨 먼저 묻는 것이 우리들의 의사처럼 '어디가 아픈가?'가 아니라 다음 네 가지를 묻는다고 한다.
"마지막으로 노래한 것이 언제인가?"
"마지막으로 춤춘 것이 언제인가?"
"마지막으로 자신의 이야기를 한 것이 언제인가?"
"마지막으로 고요히 앉아 있었던 것이 언제인가?"

이 네 가지를 마지막으로 한 것이 오래전이라면 몸과 마음에 멍드는 것이 당연한 일이라는 것이다.
 - 『새는 날아가면서 뒤돌아보지 않는다』(류시화) 중에서

가장 중요한 건 눈에 보이지 않아

빔 프로젝트가 없어도 상관없는 수업. 심지어 노래 악보마저 없어도 되는…. 준비 과정이 가늠이 안 되었던 노래 수업이 있었다. 예천시각장애인협회에서 부탁한 수업이었다. 차선으로 점자 악보를 준비해야 되나 싶어 여쭸더니, 점자 공부도 거의 하지 않았다고 하셨다.

그렇게 첫 수업을 시작했다. 문을 열자마자 센터장님이 입구에서 환한 미소로 반겨 주셨다. 앞을 전혀 못 보시는 전맹 회원님도 계시고, 아닌 분도 계셨다. 수업 후기는? 반전의 반전을 거듭했다. 나는 감동의 시간으로 꽉 채우고 나왔다. 처음 초반에는 유행곡 몇 곡으로 몸을 풀고 얼굴을 풀고 성대 준비 운동을 했다. 그때부터 나는 직감했다. '이분들은 흥이 많고 순수하고 감성이 풍부하구나.' 하고. 상대방의 생김새나 옷차림, 표정은 일절 보지 못한다. 소리에만 의존하지만, 부족하지 않았다. 오히려 더 뛰어났다. 정신과 영혼이 맑다 보니, 영혼이 있는 음악과 노래로 다가왔다.

　세상의 잣대로 진행하지 않아도 되는 수업이었다.

"순진한 내 가슴에 돌을 던진 사내야~ 미운 사내 미운 사내 얄미운 사내야."

　엄현옥 회장님의 「미운 사내」는 모든 것이 완벽했다. 원음 그대로에 박자와 가사도 정확하셨다. 조승해 님의 「내일 다시 해는 뜬다」는 「아침 마당」 TV 프로그램에서 노래 솜씨를 뽐내도 부족하지 않을 정도였다. 같이 나가자고 너스레를 떨기도 했다.

　「묻지마세요」를 부른 이외자 님은 흥이 넘치셔서 '흥부자'로 통해도 될 듯했다. 「남원의 애수」를 부른 박권석 총무님은 박수를 치다가 오히려 손목이 다칠 듯해 걱정될 정도로 열심이셨다.

"사랑 두고 님을 두고 그 누가 넘어가나~ 하늘고개 곰배령아."
「곰배령」을 벨소리로 설정하신 백춘자 님, 몇 번이고 몇 번이고 「나무꾼」만 부르던 신정현 님은 내게 배운 「막걸리 한잔」으로 애창곡을 바꾸셨다.

　수업하러 가는 길, 수업 시간 내내 내 마음은 포근했다. 나를 반갑게 맞아 주는 이분들의 환대에 고단함이 사라졌다. 그저 하나의 장애가 있을 뿐, 이분들은 더 뛰어난 능력을 지니고 있었다.

한번은 문을 열고 살금살금 인기척을 내지 않고 들어간 적이 있었다. 누군가 한 분이 바로 "선생님 오셨다. 안녕하세요." 하시는 게 아닌가. 게다가 곡에 대한 소화도 빨랐다. 이번 주에 배운 곡을 다음 주에 다시 시작하면, 도루묵이 아니라 이미 가사도 모두 외우고 계셨다.

보통 비장애인 수업은 악보를 드린다. 그리고 대형 스크린에 가사를 크게 띄우고 수업을 한다. 반응이야 제각각이지만, 가끔씩 "이 나이에 무슨 신곡이냐며, 그냥 옛날 곡을 부르자."라고 투덜투덜하는 분도 간혹 있다. 반대로 투덜거림 하나 없이 오히려 열정적인 수업 현장을 조우하니, 나도 더 열심히 하게 되었다.

이렇게 글을 쓰면서 이분들 곡을 한 곡 한 곡 들어 보고 있다. 잘 계시겠지. 수업할 때 두런두런 나의 가정사 얘기도 하다 보니 한 번씩 회원분들에게 안부 전화가 오기도 한다.

쉬는 날이 수업 날과 겹칠 때 색소폰 재능 기부를 했던 남편을 잊지 않으신다. 금쪽같은 내 새끼 아들 건강도 여쭤봐 주신다. 심지어 친정 엄마 안부까지. 가족보다 더 가족 같은 분들이다. 내가 이런 사랑을 받아도 되는 건지. 한 번씩 하늘을 보며 눈시울이 뜨거워졌다.
정말 감사하다. 한 세상 살아가면서 내가 누구에게 기억될 사람이 되고, 그분들이 나를 고마워한다. 축복인 삶이다. 나의 직업의 가치는 무한대이다. 나는 일을 통해 오히려 '인생 학교'에 입학한 듯하다. 나의 일들과 만나면서 내가 되어 가고 있다. 가치 있는 삶 속으로 말이다.

앞으로 펼쳐질 나의 날들.
모든 날,
모든 것이,
아름다운 너.

생텍쥐페리의 『어린 왕자』에 등장하는 여우는 "오직 마음으로 보아야 볼 수 있다. 가장 중요한 것은 눈에 보이지 않는다."라는 말을 남겼다. 물건이나 사람은 눈에 보이지 않더라도 마음속 등불만은 밝게 밝혀 두고, 진정한 삶의 가치를 빛나는 이들에게서 많이 배웠다. 빛이 없는 세상에서 빛의 세상을 향해 노래를 부르는 이들의 몸짓. 그 자체로 따뜻한 위로를 받았다. 날마다 심란한 세상의 소식이 가득하지만, 이들에게서 나는 '그래도 세상은 살 만하다.'라는 희망을 보았다.

이러한 감사의 시간은 올해도 계속되려나 보다. 예천시각장애인협회 생활활동지원센터에서 전화가 왔다.
"대표님, 새해 복 많이 받으세요. 올해 군지원사업 신청을 하려고 합니다. 2025년도 노래 교실 16회 진행하려 합니다. 대표님 시간

미리 예약하려고 전화드립니다."

"네, 감사합니다. 확정되시면 연락 주세요. 일정 내어야죠. 회장님, 총무님, 간사님 모두 건강하신지 뵙고 싶습니다."

"감사합니다."

날개 달린 천사 남옥경 센터장님. 4년 전 시절 인연의 감사를 느끼는 예천시각장애인협회. 요술 지팡이 기사님, 꾀꼬리 목소리 엄현옥 회장님, 유머 넘치시는 이석규 간사님, 흥부자 박권석 총무님, 센스쟁이 위순옥 님, 가수 조승해 님, 밝고 밝은 이외자 님, 남부터 챙기는 백춘자 님, 성실성실 신정현 님 모두 스승님이시다.

나는 이분들에게 어울리는 드라마 구절을 발견했다. 드라마 「눈이 부시게」에서 배우 김혜자 님이 낭독한 부분이다. 들으면 들을수록, 뭉클해지는 대사를 읽어 드리고 싶다.

새벽에 쨍한 차가운 공기….
꽃이 피기 전 부는 달콤한 바람
해 질 무렵 우러나는 노을의 냄새
어느 하루 눈부시지 않은 날이 없었습니다.
지금 삶이 힘든 당신, 이 세상에 태어난 이상
당신은 이 모든 걸 매일 누릴 자격이 있습니다.
   - 「눈이 부시게」 드라마 최종회 혜자(김혜자) 내레이션 중에서

마음 농부 황도경 강사

아침부터 마음이 벅차오른 날이다. 오늘 아침 한국자격인증교육원 본사 교육이 있어서 새벽에 서울행 중이다.

블로그 작업을 하고자 핸드폰을 열었다. 긴 장문의 문자가 와 있었다. 감동과 함께 눈시울이 붉어졌다.

15년 동안 자격증 과정을 진행하며 수많은 예비 강사님들을 만났다.

2025년에 만나는 강사님들의 표현에 보람된 날들을 맞이한다. "자격증 따려고 시작했는데, 이젠 교육 일정이 기다려져요. 대표님처럼 저도 누군가에게 희망을 전하는 강사가 되고 싶어요." 내가 걸어온 길을 알려 준 것뿐인데, 그 안에서 삶의 의미를 찾아가는 강사님들의 모습은 나를 다시 한번 초심으로 돌아가게 만든다.

자격증 과정 자격증보다 더 깊은 '마음'의 수업, 수많은 손길, 수많은 사연과 함께해 왔다. 누군가는 새로운 진로를 위해, 누군가는 덩달아서, 또 누군가는 그저 마음을 위로받고 싶어서 나의 교육을 찾았다. 그 마음을 알기에 나는 기술을 넘어, 진심으로 그들과 만났다.

많은 시간이 쌓여 오늘, 이런 감동의 메시지를 받은 지금이다.

결국 사람을 남기는 교육, 마음으로 남는 예술이기도 하다. 가르치는 나의 태도, 눈빛, 말 한 마디가 수업의 분위기를 만들고, 그분들 인생의 터닝 포인트가 된다.

오늘도 다짐한다. 자격증보다 더 소중한 '사람'을 남기는 교육을 하자. 그렇게 오늘도 교육장에는 따뜻한 온기가 흐른다.

감사 표현을 하는 강사님들이 고맙다. 착하고 이쁜 심성을 지닌 분들을 만날 교육생 분들도 복 받으신 것이다.

행복하다.

감사하다.

내가 만난 모든 분들 덕분이다.

오늘 아침 KTX 창문 햇살이 유난히 더 눈부시다.

> 대표님~
> 진짜 감사해요 😊
> 누워서 가만히 생각하니
> 정말 내가 이걸 다 누려도 되는건가하는 생각이 들어요~
> 너무나 감사하고 죄송한거 투성이 같아서
> 너무 내생각만 하고 있는건 아닌가 하는 생각도 들고
> 어떻게 이렇게 좋은분들이 내곁에 있을수 있나 싶기도하고 ㅜㅜ
> 진짜 눈물이 날것같아요!
> 이은혜 잊지않고 꼭 갚는 사람이 될께요!
> 전 분명 믿어주시는것만큼 잘될거고 그만큼 최선을다해 열심히 하겠습니다!!
> 지켜봐주세요!
> 낮잠주무셔서 얼른 못 주무시겠지만 행복한꿈 꾸시고 편안한밤 되세요^^
>
> 대표님 지금 생각하고 하고계시는 모든일들
> 항상 응원하겠습니다!
> 출판 화이팅입니다.
> 옆에서 많이 보고 배우고 열심히 크겠습니다!!
> 지도편달 부탁드립니다!!

나, 꽃으로 태어났어

꽃다운 열여덟, 결혼을 했다. 한량 기질이 있던 남편은 술 마시면 폭주했다. 완전 다른 사람이 되었다. 결국 술 때문에 일찍 하늘로 갔다. 그때 나이 서른넷. 세상의 풍파를 견뎌 내기에는 이른 나이였다. 현실은 슬퍼할 겨를이 없었다. 돈을 벌어야 했다. 두 딸을 키워야 했다. 동전 하나도 귀했다. 식당 일을 하며 생계를 이어 갔다.

40여 년의 세월이 흘렀다. 일흔이 넘은 지금, 자신 있게 말할 수 있다. 세상 누구보다 부지런히 열심히 살았다고. 그리고 이만하면 '행복하다'고. 과거의 상처들은 묻어 두고, 지금에 충분히 만족한다고. 우리 엄마 이영숙 여사의 인생 이야기다. 짧게나마 엄마의 인생을 적어 보았다.

내 나이 오십이 넘어서야 엄마가 눈에 들어왔다. 엄마 식당 근처에서 카페를 하고 오며 가며, 자주 마주하다 보니 서른넷부터 혼자 살아온 엄마가 보였다. 나 살기 바쁘다고 아등바등하느라 그동안 엄마의 세상을 차마 헤아리지 못했다. 엄마는 30여 년 넘게 식당을 하면서 류마티스 관절염과 조미료 독으로 두꺼비 같은 손을 얻게 되었다. 손이 부어서 고무장갑도 제일 큰 사이즈를 사야 한다.

엄마의 생은 챙김의 연속이었다. 나, 동생 그리고 손주들까지. 내가 카페를 시작하면서 더 추가되었다. 엄마는 약대추 농가를 물어물어 특별 공수해 찾아오고, 하루 종일 대추를 달였다. 덕분에 제주도에서도 소개받아 드시러 온 손님이 있었다. 눈꽃팥빙수는 동네 껌할머니(엄마 친구분)가 농사지은 국산 팥을 사서 팥 고명을 만들어 주신다. 덕분에 손님들 반응이 좋다. "이건 완전 약이네.", "건강한 맛이야." 할 때마다 엄마에게 감사를 느낀다. 지금은 명불허전 눈꽃빙수맛집 카페가 되었다.

엄마와 붙어 있는 시간이 늘어나다 보니, 내가 몰랐던 엄마도 많이 알게 되었다. 어느 날이었다. 동네가 한산했다.
"오늘은 동네가 조용하네, 엄마."
"부부 동반으로 속초에 간다네."
"엄마 기분은 어때?" 조심스럽게 엄마의 속마음을 듣고 싶었다.
"한동안은 부러울 때도 있었지. 지금은 아무렇지도 않다. 참말이다."

이 글을 쓰기 전, 엄마에게 행복했던 생애 3가지 기억도 물어보았다.

"너희 둘, 혼자 키울 때 싸구려 옷하고 신발밖에 못 신겼지. 그런데도 주변에서 '이쁘다 이쁘다' 할 때 참 좋았어.", "지금 둘 다 결혼해서 잘 살고 손자 손녀 만날 때 너무 행복하지.", "특히 상민이하고 상혁이가 발 씻겨 줬을 때가 아직도 기억이 나네. 동네 사람들도 딸 잘 키웠다고 하는 70대 인생."

부르기만 해도 뭉클하고 마음 한편이 시리는 그 이름, 엄마. 이영숙 여사님이 내 엄마라서 너무 감사하다.

또 하나, 나의 가족, 여동생을 빼놓을 수 없다. 지금도 난 가끔 이 노래를 흥얼거린다. "내 동생, 곱슬머리, 개구쟁이 내 동생. 이름은 하나인데 별명은 서너 개~"

여동생은 나와 성격이 다르다. 오히려 언니 같다. 인맥도 넓고 사회성도 좋다. 첫째 초등학교 입학식 전날이었다. 전화가 왔다.

"언니, 내일 뭐 입고 갈 거야?"

"원피스에 코트."

"그럴 줄 알았어. 언니, 심플하게 입고 가. 바지에 패딩. 머리에 핀 꽂고 그러지 마."

딱 맞혔다. 엄마들 사이에 수수하게 있는 듯 없는 듯 입학식 참석하라고 한다. 이렇게 내 동생은 나에게 직관적으로 조언도 잘해 준다.

 늦게야 동생이 나에게 했던 염려의 이유를 알게 되었다. 졸업하고 직장과 기숙사를 오가던 게 다였던 나라, 오히려 동생이 더 잘 알았던 것이다. 친구가 결혼하고 집에 초대하기에 몸만 갔더니, 그 다음 뒷담화는 담기 힘들 정도가 되어 버린 적도 있다. 내가 생각해도 몰라도 너무 모르는 나다. 그러기에 난 지금도 늘 '배운다'는 자세로 일상을 보낸다. 실제로 아는 것보다 모르는 게 훨씬 더 많다.

 때로는 언니, 때로는 친구, 동생이 되는 나의 여동생. 엄마랑 남편이 하나만 낳아 잘 기르자 할 때 '둘'을 외쳤던 이유도 여기에 있다. 동생이 있어서 양지 같은 시간이 있었다.

 깜짝이야! 동생 얘기를 써 내려가는 이 시간, 동생에게 문자가 왔다.
 "지인 언니가 엄마랑 언니, 꼭 보고 싶대. 이렇게 예쁜 동생 고생해서 키워 주셔서 고맙다고. ㅋㅋㅋㅋ"
 동생이 낳은 예쁜 조카는 나의 새로운 보물이기도 하다. 조카와 놀아 줄 계획까지 세우는 나다.

 원가정 그리고 또 하나의 가정이 있는 나. 원가정의 사랑으로 씨앗을 잘 키웠기에 지금으로 이어진 것이다. 성실하고, 착하고, 든든한 남편과 금쪽같은 내 새끼들이 있는 나의 가정.

강의 때 미션 게임을 한 적이 있다. 가족 단톡방에 "'사랑해' 이렇게 남겨 보세요. 가장 빨리 사랑 듬뿍 담긴 문자가 오는 교육생에게 선물을 증정할게요."

나도 함께했다. 이쪽저쪽에서 시끌시끌, 웃음이 터졌다.
'이기 미칫나', '무슨 일 있어?', '돈 필요해?', '사고 쳤어?', '누구에게 보낸 거야?', '이따 보자.' 등 말이다.

우리 가족 단톡방 분위기는?
"어머니, 저도 사랑합니다."
"사랑합니다, 어머니."
"사랑해."

물질의 풍요로는 채워지지 않는 삶의 갈증을 해소하는 방법. 나는 답은 사랑에 있다고 생각한다. 세상에서 가장 아름다운 꽃은 사랑꽃이다.
가족 덕분이다.
나, 꽃으로 태어났어.

2014 볼로냐 라가치상 오페라 프리마 부문, 우수상 수상작인

『나, 꽃으로 태어났어』(엠마 줄리아니). 짧지만, 소중한 사람의 생을 생각해 볼 수 있다.

나, 꽃으로 태어났어요.
...
난 가녀리고 연약하지만,
세상을 아름답게 이겨 냅니다.

에필로그
"인생 첫 책을 마무리하며"

"어머니, 책 쓰는 게 어떨까요. 전부터 보물 지도에 늘 썼던 소원이었잖아요."

책 쓰기. 10년 넘게 간직했던 버킷 리스트였다. 이러저러한 이유로 세월이 지나갔다. 그리고 다시 한번 결심했다. 50이 되면….

등반 전 바라보는 우뚝 솟은 산. 나에게 책 쓰기는 그렇게 느껴졌다. 나는 늘 산 아래 서 있는 독자였다. 그런 내가 저자가 되기 위해서는 신발 끈을 동여매고 걸어야 했다. 한 걸음, 한 걸음 시작해 봤다. 어설프지만 한 꼭지, 두 꼭지, 한 챕터, 두 챕터가 완성되어 갔다. 점점 나는 내 추억을 더듬으며, 시절 인연과 만나 인사하고 감사의 산책을 하게 되었다.

그리고 지금은? 나의 하루가 온통 글쓰기거리가 되었다. 보고, 듣고, 느끼고, 만나는 모든 것들에 섬세한 관심이 생겼다. 맑은 하늘을 어떻게 글로 표현할까? 고민한다거나 사람과의 만남에서도 모두 글 소재를 발굴하게 되었다. 만나는 분들의 말투나 표정, 표현 등을 유심히 보게 되었다. 글쓰기는 나의 모든 시간을 사랑하게 만들었다. 결국 나는 또 하나의 깨달음을 얻었다. 작은 실천이 중요하다는 것. 쓰기의 시간이 모이고 모이면, 한 권의 책이 된다.

이제 정말 하산을 할 시간이다. 산에서 내려와 주변을 살피고, 옷에 묻은 것들이 없나 털어 보는 시간. 무(無)로 시작하여 성공적인 프리랜서 강사로 성장한 이야기를 담은 이 책을 마무리하는 그런 시간. 잠시 고요히 숨을 가다듬는다.

나의 여정을 되돌아보게 된다. 나는 바닥에 닿아서야 내 자신에게 물어봤다. "여기에서 더 내려갈 곳이 있는가?" '그냥 웃지요'가 저절로 나왔었다. 그렇게 며칠을 '그냥 웃지요'로 지내다가 거울을 보고 질문했다.

"어떻게 내 인생을 더 나은 방향으로 이끌어 갈 수 있을까?" 이 질문은 어쩌면 누구에게나, 특히 어려운 환경에서 자라 온 사람들에게 가장 중요한 질문일 것이다. 내 삶을 바꾸지 않으면 앞으로가 없다. 이 상황에서 벗어나자.

첫째, 친구들과의 비교를 멈춘다. '나는 다른 사람들과 다르게 태어났구나'를 인정하자.

둘째, 다름을 다르게 풀어 가자. 나는 그 답을 찾기 위해 끊임없이 고민하고, 성장하고, 도전해 왔다.

책에도 언급했지만 나는 어린 시절, 많은 어려움 속에서 자랐다. 가정 환경은 결코 순탄하지 않았고, 그로 인한 정서적 고통은 나를 자주 위축시켰다. 그때마다 나를 일으켜 세운 것은 바로 '마음의 집'을 만드는 일이었다. 나만의 '마음 마을'을 꾸미고, 그 안에서 나만의 가치를 발견하면서 나를 아끼고 사랑하는 방법을 배웠다. 내면의 힘을 키우는 것, 그것이 나의 첫 번째 동기부여였다. 내 삶에서 가장 중요한 것은 외적인 조건이 아니라 내면의 안정과 강인함이라는 사실을 깨닫게 되었다.

그런 마음의 기반 위에서도 나는 여러 도전과 실패를 겪었다. 처음에는 아무것도 몰랐고, 나의 길이 어디로 향하는지도 알지 못했다. 매번 다른 고민을 안고 흔들리고 휘청거렸다. 그러나 하나씩 배우고 경험하면서 점차 나만의 방식으로 세상을 이해하고, 그것을 다른 사람들과 나누고 싶다는 열망이 생겼다. 프리랜서 강사로서의 길도 그렇게 시작되었다. 내가 배운 것들을 다른 사람들에게 전달하고, 그들이 자신의 삶을 긍정적으로 변화시킬 수 있도록 돕는 일은 내게 큰 보람과 성취감을 안겨 주었다.

그 길이 언제나 순탄했었던 것은 아니다. 나는 수많은 도전에 직면했다. 정말이지, 자갈밭투성이였다. 때로는 나를 의심하기도 하고, 그만두고 싶을 때도 많았다. 그러나 그때마다 내면의 '마음 마을'을 떠올렸다. 내가 만든 그 작은 마을 속에서 나는 언제나 나 자신을 응원하고 있었다. 실패는 단지 과정일 뿐, 나의 가치는 외부의 평가가 아니라 내가 스스로 인정할 수 있는 것임을 잊지 않았다. 그렇게 나는 나만의 '작은 거인'을 만나게 되었다.

  여러분도 마찬가지일 것이다. 인생은 누구에게나 도전과 실패를 동반한다. 그러나 중요한 것은 그 도전을 어떻게 받아들이고, 실패를 어떻게 넘어서느냐에 있다. 여러분 각자의 '마음 마을'을 만들고, 그 안에서 자신을 치유하고 성장시킬 수 있는 방법을 찾길 바란다. 외부의 압박이나 어려움에 휘둘리지 않고, 내면의 중심을 지킬 수 있다면 그 어떤 어려움도 두렵지 않을 것이다.

  나만의 '마음 마을'을 가꾸는 데 도움이 된 친구가 물론 있다. 바로 책이다. 책을 읽기 시작해서 달라진 나의 의식! 책은 나에게 영감을 준다. 언제든지 달려갈 수 있는 멘토이기도 하다. 스승? 사부? 심심할 때, 외로울 때, 용기를 얻고 싶을 때, 아이디어가 필요할 때, 흔들릴 때, 신날 때 나는 책을 편다. 한 장 두 장 뒤적이다 보면 어느새 책을 읽기 전의 나는 온데간데없다. 1%라도 달라져 있다.

『꿈이 있는 아내는 늙지 않는다』, 『시크릿』, 『왓칭』, 『더 해빙』, 『돈의 속성』, 『보물 지도』, 『누가 내 치즈를 옮겼을까』 등등. 내 인생 책은 이러하다. 저마다의 이유로 인생 책이 있을 것이다. 또 시기에 따라 잘 읽히고, 다가오는 책이 있다. 나는 앞으로 나에게 올 책들이 기대가 된다.

작지만 큰 바람이 있다면, 누군가에게 내 책이 그러했으면 좋겠다. 작은 문장 하나하나에 위로와 용기를 얻고, 무엇보다도 나의 책을 통해 자신과의 대화 시간을 가졌으면 좋겠다. 마음을 다해 자신을 사랑하고, 그 사랑을 바탕으로 세상과 연결되었으면 한다.

마지막으로, 나는 여러분에게 말하고 싶다. 실천이다. 실천을 해야 작은 변화들이 하나씩 찾아오기 시작한다. 중요한 건, 큰 성공을 꿈꾸기보다는 매일 조금씩 나아지는 것이다. 그때, 깨닫는다. '자기계발'이란 멀리 있는 목표를 향해 달려가는 것이 아니라, 하루하루의 작은 변화 속에서 이루어지는 것임을.

지금까지 함께해 주셔서 진심으로 감사드린다. 독자 여러분의 앞날에 무한한 가능성이 펼쳐지기를 응원한다. 여러분만의 지금, 여기를 살아가는 마음의 기술이 또 다른 누군가에게도 영감을 줄 수 있기를 기대하며, '안녕'입니다.